BANQUES COLONIALES.

LOIS, STATUTS

ET

DOCUMENTS DIVERS.

NOUVELLE ÉDITION APPROPRIÉE AUX BANQUES DE LA GUYANE
ET DU SÉNÉGAL

PARIS,
IMPRIMERIE ET LIBRAIRIE ADMINISTRATIVES DE PAUL DUPONT,
RUE DE GRENELLE-SAINT-HONORÉ, 45.

1855

BANQUES COLONIALES.

LOIS, STATUTS

ET

DOCUMENTS DIVERS.

NOUVELLE ÉDITION APPROPRIÉE AUX BANQUES DE LA GUYANE
ET DU SÉNÉGAL.

BANQUE

DE LA

GUYANE FRANÇAISE.

LOIS, STATUTS

ET

DOCUMENTS DIVERS.

PARIS,

IMPRIMERIE ADMINISTRATIVE DE PAUL DUPONT,

RUE DE GRENELLE-SAINT-HONORÉ, 45.

1855

INDEX.

	Pages.
Décret constitutif de la banque de la Guyane du 1er février 1853....	7
— d'appropriation des statuts des banques coloniales à celles du Sénégal et de la Guyane..........................	9
Extrait de la loi du 30 avril 1849 sur l'indemnité coloniale..........	13
— du décret du 24 novembre de la même année sur sa répartition	15
Loi organique des banques coloniales du 11 juillet 1851............	17
Statuts annexés à ladite loi.................................. .	25
Personnel de la Commission de surveillance.......................	43
Décret du 24 mars 1852, sur la participation des directeurs au fonds social..	45
Décret du 22 décembre 1851, sur l'organisation des banques...	47
Mesure d'exécution de son article 4............................	58
Décret du 17 novembre 1852, complémentaire de la législation organique, et constitutif de l'Agence centrale.....................	59
Arrêté ministériel du 4 décembre 1852, sur l'organisation de l'Agence centrale..	65
Décret du 31 mai 1852, qui nomme les directeurs................	75
Arrêté ministériel du 22 janvier 1852, qui fixe le traitement des directeurs..	77
Arrêté du 15 juillet 1852, qui fixe le traitement d'Europe des mêmes.	79
— du 4 décembre 1852, qui nomme l'Agent central............	81
Rapport au conseil d'État de M. le conseiller H. Say sur le projet de loi organique et le projet de statuts...........	83
Exposé des motifs de la loi organique du 11 juillet et projet de loi...	101
Rapport de M. Chégaray au nom de la Commission parlementaire chargée de l'examen du projet..........	119
Rapport supplémentaire du même au nom de la même commission..	169
Annexe. — Décret du 28 mars 1852 qui ordonne la distribution aux ayants droit du résidu du prélèvement de l'indemnité destiné à la formation des banques coloniales..........................	185

DÉCRET

CONSTITUTIF DE LA BANQUE DE LA GUYANE.

(Du 21 décembre 1853.)

NAPOLÉON,

Par la grâce de Dieu et la volonté nationale, Empereur des Français,

A tous présents et à venir, salut :

Sur le rapport de notre ministre secrétaire d'Etat au département de la marine et des colonies,

Vu l'article 7 de la loi du 30 avril 1849, sur l'indemnité accordée aux colons, par suite de l'abolition de l'esclavage;

Vu l'article 51 du décret du 24 novembre 1849, et les décrets des 28 septembre 1852, 23 mars et 1er octobre 1853, relatifs au délai dans lequel doivent être établies les banques de la Guyane et du Sénégal;

Vu la loi du 11 juillet 1851, sur l'organisation des banques coloniales;

Vu les décrets en date des 22 décembre 1851, 24, 28 mars et 17 novembre 1852, concernant l'exécution de la loi du 11 juillet 1851;

Vu la délibération du conseil privé de la Guyane française en date du 14 février 1853;

Vu l'avis de la commission de surveillance des banques coloniales, en date du 20 septembre 1853;

Notre conseil d'Etat entendu,

Avons décrété et décrétons ce qui suit :

Art. 1er. La banque créée pour la Guyane française par la loi du 11 juillet 1851 est constituée aux conditions réglées par ladite loi et par les statuts y annexés.

Art. 2. Le capital de la banque de la Guyane est fixé à 300,000 francs.

La portion du 8e de l'indemnité coloniale demeurée libre après le prélèvement dudit capital sera répartie entre les ayants droit et distribuée en numéraire, conformément aux dispositions du décret du 28 mars 1852 [1].

Les indemnitaires dont la quote-part ne formera pas au moins deux actions recevront intégralement le remboursement de la retenue du 8e exercée sur leur indemnité.

Art. 3. Les décrets et règlements concernant les banques coloniales aujourd'hui en vigueur sont applicables à la banque de la Guyane française.

Art. 4. Notre ministre secrétaire d'Etat au département de la marine et des colonies, et notre ministre secrétaire d'Etat au département des finances, sont chargés, chacun en ce qui le concerne, de l'exécution du présent décret, qui sera inséré au *Bulletin des lois*.

Fait au palais des Tuileries, le 21 décembre 1853.

NAPOLÉON.

Par l'empereur :

Le Ministre secrétaire d'Etat au département des finances,
BINEAU.

Le Ministre secrétaire d'Etat au département de la marine et des colonies,
THÉODORE DUCOS.

---

[1] Voir l'annexe, page 185.

DÉCRET [1]

SPÉCIAL

AUX BANQUES DE LA GUYANE ET DU SÉNÉGAL.

(2 décembre 1854.)

NAPOLÉON, par la grâce de Dieu et la volonté nationale, Empereur des Français,

A tous présents et à venir salut :

Sur le rapport de notre Ministre secrétaire d'État au département de la marine et des colonies ;

Vu l'article 18 du sénatus-consulte du 3 mai 1854 ;

Vu la loi du 11 juillet 1851 sur les banques coloniales, et les décrets des 22 décembre 1851, 24 mars et 17 novembre 1852, rendus pour l'exécution de cette loi ;

Vu les décrets des 21 décembre 1853 et 1er février 1854, sur la création des banques de la Guyane française et du Sénégal ;

Vu l'avis de la commission de surveillance des banques coloniales ;

---

(1) Ces dispositions ne sont reproduites ici que pour ordre. Les modifications qu'elles renferment ont pris successivement place dans les textes qui en étaient l'objet.

Considérant que, pour faciliter leur exécution au Sénégal et à la Guyane, les statuts annexés à la loi du 11 juillet 1851, et les décrets des 22 décembre 1851, 24 mars et 17 novembre 1852 ont besoin d'être modifiés dans plusieurs de leurs dispositions,

Avons décrété et décrétons ce qui suit :

ARTICLE PREMIER.

Sont et demeurent modifiés ainsi qu'il suit, en ce qui concerne la Guyane et le Sénégal, les articles ci-après des statuts annexés à la loi du 11 juillet 1851 sur les banques coloniales :

Art. 2. — § 2. « L'assemblée générale se compose des *cin-*
« *quante* actionnaires qui, d'après les registres de la banque,
« sont, depuis six mois révolus, propriétaires du plus grand
« nombre d'actions. En cas de parité dans le nombre des
« actions, l'actionnaire le plus anciennement inscrit est pré-
« féré. »

Art. 37. — § 1er. « Les délibérations de l'assemblée gé-
« nérale ne sont valables, dans une première réunion, qu'au-
« tant que *quinze* membres au moins y ont participé par
« eux-mêmes ou par leurs fondés de pouvoirs. »

Art. 38. — § 3. « L'assemblée devra être convoquée
« extraordinairement : 1° lorsque *dix* actionnaires, réunis-
« sant ensemble la *moitié* au moins des actions, en auront
« adressé la demande écrite au directeur ou au gouverneur
« de la colonie; 2° dans le cas où des pertes résultant des
« opérations de la banque auraient réduit le capital de
« moitié. »

ART. 53. — « En entrant en fonctions, chacun des qua-
« tre administrateurs est tenu de justifier qu'il est proprié-
« taire de *cinq* actions. Ces actions doivent être libres et
« demeurent inaliénables pendant la durée des fonctions de
« l'administrateur. »

ART. 2.

« Sont également modifiés ainsi qu'il suit, en ce qui con-
« cerne la Guyane et le Sénégal, les dispositions ci-après
« des décrets réglementaires sur l'organisation des banques
« coloniales : »]

1° DÉCRET DU 22 DÉCEMBRE 1851, ARTICLE 10.

§ 1er. « Il sera procédé, par un arrêté du gouverneur,
« en conseil privé, à l'exécution des articles 32 et 33 des
« statuts des banques coloniales. Cet arrêté proclamera
« membres de l'assemblée générale les *cinquante* plus forts
« indemnitaires liquidés résidant dans la colonie, ou y ayant
« des mandataires généraux. »

2° DÉCRET DU 24 mars 1852, ARTICLE 1er, § 2.

« Les directeurs des banques de la Guyane et du Sénégal
« justifieront chacun de la propriété de *dix* actions. »

3° DÉCRET DU 17 NOVEMBRE 1852, ARTICLE 1er, § 2.

« Les coupures d'actions ne seront délivrées que comme
« appoints des actions de 500 francs ou pour conversion de
« titres de prélèvements inférieurs à cette valeur. Réunies
« en sommes suffisantes en une même main, elles devront
« être converties en actions avant le 1er janvier 1857. A

« partir de cette date, elles cesseront de donner droit aux « dividendes. »

ART. 3.

Notre ministre secrétaire d'État au département de la marine et des colonies est chargé de l'exécution du présent décret, qui sera inséré au *Bulletin des Lois.*

Fait au palais des Tuileries, le 2 décembre mil huit cent cinquante-quatre.

NAPOLÉON.

Par l'Empereur :

Le Ministre secrétaire d'État au département de la marine et des colonies,

THÉODORE DUCOS.

EXTRAIT DE LA LOI

DE L'INDEMNITÉ COLONIALE.

(30 avril 1849.)

ART. 7.

Sur la rente de 6 millions, payable aux termes de l'article 2, le huitième de la portion afférente aux colonies de la Guadeloupe, de la Martinique et de la Réunion sera prélevé pour servir à l'établissement d'une banque de prêt et d'escompte dans chacune de ces colonies.

Les titres de rente ainsi prélevés sur la rente de 6 millions seront déposés dans les caisses des banques comme gages et garanties des billets qu'elles sont autorisées à émettre.

Seront exempts du prélèvement ci-dessus stipulé les colons dont l'indemnité totale ne devra pas excéder 1,000 fr.

Tout colon indemnitaire recevra des actions de la banque de prêt et d'escompte de la colonie jusqu'à concurrence de la retenue qu'aura subie sa part dans l'indemnité.

L'organisation des banques de prêt et d'escompte sera déterminée par des règlements d'administration publique.

Le Gouvernement pourra appliquer les présentes dispositions dans les autres colonies.

EXTRAIT DU DÉCRET

SUR

LA RÉPARTITION DE L'INDEMNITÉ COLONIALE.

(24 novembre 1849.)

ART. 51.

Dans les colonies de la Guadeloupe, de la Martinique et de la Réunion, un huitième de l'indemnité en rente revenant à chaque colon sera prélevé en faveur des banques qui doivent être créées en exécution de la loi du 30 avril 1849.

Seront exempts de ces prélèvements les colons dont l'indemnité totale n'excédera pas 1,000 francs.

Dans le cas où les créanciers d'un colon, pour être intégralement payés, devraient avoir recours sur le huitième prélevé en faveur des banques, les fractions de ce huitième qui leur seront attribuées en payement de leurs créances seront représentées par un titre particulier qui leur sera délivré pour constater leur droit.

Le prélèvement du huitième pour l'établissement des banques aura lieu provisoirement à la Guyane et au Sénégal. Il sera restitué aux intéressés si les banques n'ont pas été établies avant le 1er octobre 1852, ou si le Gouvernement renonce, avant cette époque, à leur création.

LOI ORGANIQUE

DES BANQUES COLONIALES.

(11 Juillet 1851.)

L'ASSEMBLÉE NATIONALE A ADOPTÉ LA LOI dont la teneur suit :

ARTICLE PREMIER.

Les banques fondées par la loi du 30 avril 1849 dans les colonies de la Guadeloupe, de la Martinique et de la Réunion, devront se conformer aux statuts annexés à la présente loi.

Il sera fondé, à la même condition, une banque dans la colonie de la Guyane.

ART. 2.

Le capital de chacune des banques de la Guadeloupe, de la Martinique et de la Réunion est fixé à trois millions de francs (3,000,000 francs).

Le capital de la banque de la Guyane est fixé à trois cent mille francs (300,000 *francs*) [1]..

Celui de la banque du Sénégal à deux cent trente mille francs (230,000 *francs*).

[1] Art. 2 du décret du 1er février 1851, placé en tête du présent recueil.

Ce capital sera formé de la manière suivante :

Le ministre des finances est autorisé à émettre trois cent vingt-cinq mille francs de rentes, au capital de six millions cinq cent mille francs, à prélever sur le huitième de l'indemnité allouée aux colonies par la loi précitée.

Sur cette émission, cent mille francs de rentes, au capital de deux millions de francs, seront affectés à la première formation de chacune des banques de la Guadeloupe, de la Martinique et de la Réunion ; vingt-cinq mille francs de rentes, au capital de cinq cent mille francs, à la première formation de la banque de la Guyane.

Les arrérages produits par chacune des inscriptions de rentes affectées aux banques coloniales, depuis le 22 mars 1849 jusqu'au jour de la remise des inscriptions, seront versés par le ministre des finances entre les mains des administrateurs de ces banques. Le produit desdits arrérages sera porté à l'actif du compte de profits et pertes, et servira à couvrir, jusqu'à due concurrence, les frais de premier établissement, auxquels le ministre de la marine est autorisé à pourvoir immédiatement, à titre d'avances, sur les fonds du service local de chaque colonie.

ART. 3.

Pendant le délai d'un an, qui courra de la promulgation de la présente loi, l'administration recevra des souscriptions volontaires, jusqu'à concurrence du complément du capital ci-dessus déterminé. Ces souscriptions pourront avoir lieu, au gré des souscripteurs, en numéraire ou en rentes cinq pour cent au pair [1].

---

[1] Il est inutile de faire remarquer que beaucoup de ces dispositions sont non applicables aux deux nouvelles banques.

Si, après l'expiration dudit délai, le capital des banques ou de l'une d'elles n'est pas complété au moyen des souscriptions volontaires, ce capital sera parfait au moyen d'un second prélèvement sur le huitième de l'indemnité, sans néanmoins que le prélèvement total puisse excéder cent cinquante mille francs de rentes pour chacune des colonies de la Guadeloupe, de la Martinique et de la Réunion, et trente-cinq mille francs de rentes pour celle de la Guyane,

Par dérogation à l'article 7 de la loi du 30 avril 1849, les banques coloniales pourront aliéner ou engager les rentes qui leur seront délivrées.

ART. 4.

Il sera statué, par une loi ultérieure, sur l'emploi de la portion du huitième de l'indemnité qui pourra rester disponible après les prélèvements autorisés par les deux articles précédents.

ART. 5.

Chacune des banques auxquelles se rapporte la présente loi est autorisée, à l'exclusion de tous autres établissements, à émettre, dans chacune des colonies où elle est instituée, des billets au porteur de cinq cents, de cent et de vingt-cinq francs.

Ces billets seront remboursables à vue, au siége de la banque qui les aura émis.

Il seront reçus comme monnaie légale, dans l'ét[illegible]due de chaque colonie, par les caisses publiques ainsi que par les particuliers.

Le montant cumulé des billets en circulation, des

comptes courants et des autres dettes de la banque en pourra excéder le triple du capital social réalisé.

Le montant des billets en circulation ne pourra, en aucun cas, excéder le triple de l'encaisse métallique.

ART. 6.

Aucune opposition n'est admise sur les fonds déposés en compte courant aux banques coloniales.

ART. 7.

Les entrepôts de douane et tous autres magasins qui viendraient à être désignés à cet effet par le gouverneur, en conseil privé, seront considérés comme magasins publics où pourront être déposées les marchandises affectées à des nantissements. La marchandise sera représentée par un récépissé à ordre, qui pourra être transporté par voie d'endossement.

ART. 8.

Tous actes ayant pour objet de constituer des nantissements par voie d'engagement, de cession de récoltes, de transport ou autrement, au profit des banques coloniales, et d'établir leurs droits comme créanciers, seront enregistrés au droit fixe de deux francs.

ART. 9.

Les receveurs de l'enregistrement tiendront registre : 1° de la transcription des actes de prêt sur cession de récoltes pendantes, dans la circonscription de leurs bureaux respectifs ; 2° des déclarations et oppositions auxquelles ce actes pourront donner lieu.

Tout propriétaire qui voudra emprunter de la banque, sur cession de sa récolte pendante, fera connaître cette intention par une déclaration inscrite, un mois à l'avance, sur un registre spécialement tenu à cet effet par le receveur de l'enregistrement.

Tout créancier ayant hypothèque sur l'immeuble, ou privilégié sur la récolte, ou porteur d'un titre exécutoire, pourra s'opposer au prêt. Son opposition sera reçue par le receveur de l'enregistrement, qui la mentionnera en marge de la déclaration prescrite par le paragraphe précédent.

L'opposition contiendra, à peine de nullité, élection de domicile dans l'arrondissement. Toute demande en mainlevée pourra être signifiée au domicile élu, et sera portée devant le tribunal compétent pour statuer sur la validité de l'opposition.

A l'expiration du mois, le prêt pourra être fait, et la banque, pour les actes de cession à elle consentis et qu'elle aura fait transcrire, sera considérée comme saisie de la récolte.

Elle exercera ses droits et actions sur les valeurs en provenant, nonobstant les droits de tous créanciers qui n'auraient pas manifesté leur opposition suivant la forme prescrite au présent article.

Néanmoins, s'il existait une saisie immobilière transcrite antérieurement au prêt, cette saisie devrait avoir son effet sur la récolte, conformément au droit commun.

Le receveur de l'enregistrement sera tenu de délivrer à tous ceux qui le requerront un extrait des actes transcrits aux registres dont la tenue est prescrite par le présent article.

ART. 10.

Si le propriétaire débiteur néglige de faire en temps utile sa récolte ou l'une des opérations qui la constituent, la banque pourra, après une mise en demeure et sur simple ordonnance du juge de paix de la situation, être autorisée à effectuer ladite récolte aux lieu et place du propriétaire négligent. Elle avancera les frais nécessaires, lesquels lui seront remboursés en addition au principal de sa créance, et par privilége sur la récolte ou son produit.

ART. 11.

A défaut de remboursement, à l'échéance, des sommes prêtées, les banques sont autorisées, huitaine après une simple mise en demeure, à faire vendre aux enchères publiques, nonobstant toute opposition, soit les marchandises, soit les matières d'or ou d'argent données en nantissement, soit les récoltes cédées ou leur produit, sans préjudice des autres poursuites qui pourront être exercées contre les débiteurs jusqu'à entier remboursement des sommes prêtées, en capital, intérêts et frais.

ART. 12.

Les souscripteurs, accepteurs, endosseurs ou donneurs d'aval des effets souscrits en faveur des banques coloniales ou négociés à ces établissements, seront justiciables des tribunaux de commerce à raison de ces engagements et des nantissements ou autres sûretés y relatifs.

ART. 13.

Il sera établi, auprès du ministre chargé des colonies, une commission de surveillance des banques coloniales.

Cette commission sera composée de sept membres, savoir :

Un conseiller d'État, élu par le conseil d'État en assemblée générale ;

Deux membres désignés par le ministre chargé des colonies ;

Deux membres désignés par le ministre des finances ;

Deux membres élus par le conseil général de la Banque de France. La commission élira son président dans son sein (1).

Cette commission, dont les attributions et le mode d'action seront plus spécialement déterminés par un règlement d'administration publique, recevra communication de tous les documents parvenus aux ministres sur la gestion des banques coloniales ; elle sera consultée sur les actes du Gouvernement qui les concerneront ; elle provoquera telles mesures de vérification et de contrôle qui lui paraîtront convenables, et rendra chaque année, tant à l'Assemblée nationale qu'au Président de la République, un compte des résultats de sa surveillance et de la situation des établissements. Ce compte sera publié dans le *Moniteur universel* et dans un journal, au moins, de chaque colonie.

ART. 14.

Les banques coloniales pourront établir des succursales ou comptoirs dans la colonie à laquelle appartiendra chacune d'elles, mais seulement en vertu d'un décret du Président de la République, rendu sur la demande de leur

(1) Voir, page 13, le personnel de la Commission.

conseil d'administration, l'avis du gouverneur en conseil, celui de la commission de surveillance et celui du conseil d'État.

ART. 15.

L'article 408 du Code pénal sera applicable à tout propriétaire, usufruitier, gérant, administrateur ou autre représentant du propriétaire, qui aura détourné ou dissipé, en tout ou en partie, au préjudice de la banque, la récolte pendante cédée à cet établissement.

Délibéré en séance publique, à Paris, les 25 avril, 26 juin et 11 juillet 1851.

STATUTS

DE LA BANQUE DE LA GUYANE.

(Annexés à la loi du 11 juillet qui précède.)

TITRE Ier.

CONSTITUTION DE LA BANQUE ET NATURE DES OPÉRATIONS QUI LUI SONT ATTRIBUÉES.

SECTION Ire.

CONSTITUTION, DURÉE ET SIÈGE DE LA SOCIÉTÉ.

ARTICLE PREMIER.

Il est établi dans la colonie de la Guyane, en exécution de l'article 7 de la loi du 30 avril 1849, une banque de prêt et d'escompte sous la dénomination de *Banque de la Guyane*.

ART. 2.

Cette banque est constituée en société anonyme. La société se compose, 1° de tous les indemnitaires auxquels aura été appliqué le prélèvement prescrit par la loi précitée ; 2° et, s'il y a lieu, des souscripteurs qui auront usé de la faculté réservée par l'article 3 de la loi organique des banques coloniales. Chaque sociétaire ne sera responsable des engagements de la société que jusqu'à concurrence de sa part dans le fonds social.

ART. 3.

La durée de la société est fixée à vingt ans, qui courront du jour de la promulgation de la loi dans la colonie, et sauf les cas prévus au titre des dispositions générales.

ART. 4.

Le siége de la société est dans la ville de *Cayenne.*

ART. 5.

L'administration de la banque peut établir sur d'autres points de la colonie des succursales et agences.

Un plan d'organisation pour ces succursales et agences est préparé par le conseil général de la Banque, et soumis à l'approbation du ministre de la marine et des colonies.

SECTION II.

DU CAPITAL DES ACTIONS.

ART. 6.

Le fonds social se compose, 1° du montant des prélèvements à opérer sur la part de l'indemnité revenant aux habitants de la Guyane, en conformité de la loi portant institution des banques coloniales; 2° s'il y a lieu, du montant des souscriptions mentionnées en l'article 3 de la même loi, et en l'article 2 des présents statuts.

. . . .

. . . .

. . . .

ART. 7.

Le capital de la banque est divisé en actions de cinq cents francs chacune, lesquelles peuvent être fractionnées lors de la première émission en coupures de cinquante francs.

Les coupures d'actions ne seront délivrées que comme appoints des actions de cinq cents francs ou pour conversion de titres de prélèvements inférieurs à cette valeur. Réunies en une même main, elles devront être converties en actions avant le 1er janvier 1857. A partir de cette date, elles cesseront de donner droit aux dividendes (1).

ART. 8.

Lorsque, après cette remise d'actions, il restera sur le montant du prélèvement un reliquat inférieur à cinquante francs, ce reliquat sera représenté par un titre provisoire au porteur.

Les titres provisoires ne donneront droit à aucun dividende ; mais, lorsqu'ils auront été réunis en somme suffisante en une même main, ils seront échangés contre des actions ou coupures d'action.

ART. 9.

Les actions de la banque sont nominatives ; elles sont inscrites sur un registre à souche, et le certificat détaché porte les signatures du directeur, d'un administrateur et d'un censeur. Les coupures d'action sont au porteur.

ART. 10.

La transmission des actions s'opère par une déclaration de transfert signée du propriétaire ou de son fondé de pouvoir et visée par un administrateur, sur le registre spécial à ce destiné.

Les actions nominatives peuvent être transférées à Paris au siége de l'Agence centrale (2).

---

(1) Art. 1er du décret complémentaire du 17 novembre 1852 et 2 de celui du 2 décembre 1854.

(2) Art. 9 du décret du 17 novembre précité.

S'il y a opposition signifiée à la banque, le transfert ne pourra s'opérer qu'après la levée de l'opposition.

Les anciens titres rentrant par suite de tranferts sont annulés dans les formes qui sont déterminées par le conseil d'administration.

SECTION III.

DES OPÉRATIONS DE LA BANQUE.

ART. 11.

La banque ne peut, en aucun cas et sous aucun prétexte, faire d'autres opérations que celles qui lui sont permises par les présents statuts.

ART. 12.

Les opérations de la banque consistent :

1° A escompter des lettres de change et autres effets à ordre, ainsi que les traites du Trésor public ou sur le Trésor public, les ministères et les caisses publiques ;

2° A escompter des obligations négociables ou non négociables, garanties, soit par des récépissés de marchandises déposées dans les magasins publics, soit par des cessions de récoltes pendantes, soit par des transferts de rentes ou des dépôts de lingots, de monnaies ou de matières d'or et d'argent ;

3° A se charger, pour le compte des particuliers ou pour celui des établissements publics, de l'encaissement des effets qui lui sont remis, et à payer tous mandats ou assignations ;

4° A recevoir, moyennant un droit de garde, le dépôt volontaire de tous titres, lingots, monnaies et matières d'or et d'argent ;

5° A émettre des billets payables à vue au porteur, des billets à ordre et des traites ou mandats.

ART. 13.

La banque reçoit à l'escompte les effets à ordre portant la signature de deux personnes au moins, notoirement solvables et domiciliées dans la colonie; l'échéance de ces effets ne doit pas dépasser quatre-vingt-dix jours de vue ou avoir plus de cent vingt jours à courir, si l'échéance est déterminée.

Ces effets devront être timbrés, dans le cas où la législation sur le timbre des billets à ordre ou lettres de change serait mise en vigueur dans les colonies.

La banque refusera d'escompter les effets dits *de circulation* créés illusoirement entre les signataires, sans cause ni valeur réelle.

ART. 14.

L'une des signatures exigées aux termes de l'article précédent peut être suppléée par la remise, soit d'un connaissement passé à l'ordre de la banque, soit d'un récépissé de marchandises, soit par la cession d'une récolte pendante, aux conditions qui seront ci-après déterminées.

ART. 15.

En cas de remise d'un connaissement à ordre comme garantie additionnelle d'une lettre de change, la marchandise doit être régulièrement assurée.

Si l'assurance a été faite par l'expéditeur, la police doit être remise à la banque. Si la police n'est pas entre les mains du tireur, la banque doit être autorisée à la retirer des mains de ceux qui ont été chargés de faire couvrir le risque ; dans ce cas, la banque retient sur le prêt la somme nécessaire pour opérer le retrait de la police d'assurance.

Dans tous les cas, la banque ou son Agent en Europe, reste toujours libre, si l'assurance faite ne paraît pas devoir être agréée ou ne paraît pas suffisamment régulière, d'y pourvoir de nouveau pour le compte des débiteurs.

Si la marchandise n'a pas été assurée, la banque retient les sommes nécessaires pour y pourvoir aux comptes, frais, risques et périls des débiteurs.

ART. 16.

Lorsque le payement d'un effet a été garanti par la remise d'un récépissé de marchandise, ou par la cession d'une récolte pendante, la banque peut, huit jours après le protêt ou après une simple mise en demeure par acte extrajudiciaire, faire vendre la marchandise, pour se couvrir jusqu'à due concurrence.

ART. 17.

Les effets ou obligations garantis, soit par remise de récépissés, soit par suite de cessions de récoltes, peuvent ne pas être faits à ordre, et, dans ce cas, le débiteur aura le droit d'anticiper sa libération, et il lui sera fait remise des intérêts à raison du temps restant à courir jusqu'à l'échéance.

ART. 18.

Les garanties additionnelles données à la banque ne font pas obstacle aux poursuites contre les signataires des effets ; ces poursuites pourront être continuées, concurremment avec celles qui auront pour objet la réalisation des garanties spéciales constituées au profit de la banque et jusqu'à l'entier remboursement des sommes avancées en capital, intérêts et frais.

ART. 19.

L'escompte est perçu à raison du nombre de jours à courir, et même d'un seul jour.

Pour les effets payables à plusieurs jours de vue, l'escompte est calculé sur le nombre de jours de vue ; et, si ces effets sont payables, soit hors du lieu de l'escompte, soit hors de la colonie, le nombre de jours de vue est augmenté d'un délai calculé d'après les distances.

ART. 20.

Le rapport de la valeur des objets fournis comme garantie additionnelle, avec le montant des billets ou engagements qui peuvent être escomptés dans les cas prévus par l'article 12, sera déterminé par les règlements intérieurs de la banque.

Cette proportion ne pourra excéder, quant aux nantissements en matières d'or et d'argent, les quatre cinquièmes de leur valeur au poids, et, quant aux nantissements sur dépôts de marchandises, les deux tiers de la valeur.

Le prêt sur cession de récoltes ne pourra dépasser le tiers de la valeur de ladite récolte.

La banque pourra stipuler que les denrées provenant de la récolte seront, au fur et à mesure de sa réalisation, versées dans les magasins de dépôt désignés à cet effet, conformément à l'article 4 de la loi organique, et ce, de manière à convertir le prêt avec cession en prêt sur nantissement.

ART. 21.

Les sommes que la banque aura encaissées pour le compte des particuliers et des établissements publics, ou qui lui seront versées à titre de dépôt, ne pourront porter intérêt. Ces sommes pourront être retirées à la volonté du propriétaire des fonds ; elles pourront être, sur sa demande, transportées immédiatement, par virement, à un autre compte.

ART. 22.

La banque pourra admettre à l'escompte ou au compte courant toute personne notoirement solvable, domiciliée dans la colonie, dont la demande sera appuyée par un membre du conseil d'administration ou par deux personnes ayant déjà des comptes à la banque.

La qualité d'actionnaire ne donnera droit à aucune préférence.

ART. 23.

La banque fournira des récépissés des dépôts volontaires qui lui seront faits ; le récépissé exprimera la nature et la valeur des objets déposés, le nom et la demeure du déposant, la date du jour où le dépôt aura été fait et de celui où il devra être retiré ; enfin, le numéro du registre d'inscription.

Le récépissé ne sera point à ordre et ne pourra être transmis par la voie de l'endossement.

La banque percevra immédiatement, sur la valeur estimative des dépôts sur lesquels il n'aura pas été fait d'avances, un droit de garde, dont la quotité sera réglée par le conseil d'administration.

Lorsque, sur la demande du déposant, des avances lui seront

faites avant l'époque fixée pour le retrait du dépôt, le droit de garde perçu restera acquis à la banque.

ART. 24.

Dans le cas où le Gouvernement croirait devoir établir dans la colonie une caisse publique de dépôts et consignations, la banque devra, si la condition lui en est imposée, ouvrir et gérer ladite caisse.

ART. 25.

La quotité des divers billets en circulation sera, dans les limites fixées par la loi, déterminée par le conseil d'administration, sous l'approbation du gouverneur, en conseil privé.

ART. 26.

La banque ne pourra fournir des traites ou mandats que lorsque la provision en aura été préalablement faite.

ART. 27.

La banque publiera *tous les mois* (1) sa situation dans le journal désigné à cet effet par le gouverneur.

SECTION IV.

DIVIDENDE ET FONDS DE RÉSERVE.

ART. 28.

Tous les six mois, aux époques des 30 juin et 31 décembre, les livres et comptes sont arrêtés et balancés ; le résultat des opérations de la banque est établi.

Les créances en souffrance ne pourront être comprises, dans le compte de l'actif, pour un chiffre excédant le cinquième de leur valeur nominale.

(1) Art. 7 du décret complémentaire du 17 novembre 1853.

Il sera fait, sur les bénéfices nets et réalisés, acquis pendant le semestre, un prélèvement d'un demi pour cent du capital primitif. Ce prélèvement sera employé à former un fonds de réserve.

Un premier dividende, équivalant à cinq pour cent par an du capital des actions, sera ensuite distribué aux actionnaires.

Le surplus des bénéfices sera partagé en deux parts égales : l'une d'elles sera répartie aux actionnaires comme dividende complémentaire ; l'autre moitié sera attribuée pour huit dixièmes au fonds de réserve, un dixième au directeur, un dixième aux employés de la banque, à titre de gratification.

Néanmoins, aucune de ces répartitions ne pourra être réalisée sans l'approbation préalable du gouverneur en conseil privé. Les dividendes seront payés aussitôt après cette approbation.

ART. 29.

Aussitôt que le compte de la réserve aura atteint la moitié du capital social, tout prélèvement cessera d'avoir lieu au profit de ce compte.

L'attribution au profit du directeur et des employés restera fixée aux proportions indiquées sur la moitié du bénéfice excédant l'intérêt à cinq pour cent par an du capital social.

ART. 30.

Les dividendes seront payés aussitôt après l'approbation mentionnée en l'article 30, soit aux caisses de la banque, soit à la caisse de l'Agence établie à Paris.

TITRE II.

DE L'ADMINISTRATION DE LA BANQUE.

SECTION Ire.

DE L'ASSEMBLÉE GÉNÉRALE.

ART. 31.

L'universalité des actionnaires de la banque est représentée par l'assemblée générale.

L'assemblée générale se compose des *cinquante* (1) actionnaires qui, d'après les registres de la banque, sont, depuis six mois révolus, propriétaires du plus grand nombre d'actions. En cas de parité dans le nombre des actions, l'actionnaire le plus anciennement inscrit est préféré.

Toutefois, nul actionnaire non Français ne peut faire partie de l'assemblée générale, s'il n'a son domicile, depuis cinq ans au moins, dans la colonie, dans une autre colonie française ou en France.

ART. 32.

Jusqu'à ce que la répartition des actions ait pu être faite, les plus forts indemnitaires liquidés seront considérés comme actionnaires pour leur admission à l'assemblée générale jusqu'à concurrence du nombre fixé par l'article précédent.

ART. 33.

Les membres de l'assemblée générale peuvent s'y faire représenter par un fondé de pouvoirs, qui doit être lui-même propriétaire d'actions. La forme des pouvoirs est déterminée par le conseil d'administration.

Indépendamment du droit personnel qu'il peut avoir, aucun fondé de pouvoirs n'aura, en cette qualité, droit à plus d'une voix.

ART. 34.

Chacun des membres de l'assemblée générale n'a qu'une voix, quel que soit le nombre d'actions qu'il possède.

ART. 35.

L'assemblée générale se réunit au moins une fois par année, dans le courant du mois de juillet.

Elle est convoquée *et présidée* (2) par le directeur.

Les trois plus forts actionnaires présents forment le bureau provisoire et désignent un secrétaire.

---

(1) Art. 2 du décret spécial du 2 décembre 1851.

(2) Article 3 du décret complémentaire du 17 novembre 1852

L'assemblée procède immédiatement à la formation de son bureau définitif.

Le secrétaire du bureau, tant provisoire que définitif, est choisi parmi les trois actionnaires composant le bureau [1].

ART. 36.

Il est rendu compte à l'assemblée générale de toutes les opérations de la banque.

Le compte des dépenses de l'administration pour l'année écoulée est soumis à son approbation.

Elle procède ensuite à l'élection des administrateurs et d'un censeur, dont les fonctions sont déterminées ci-après.

Ces nominations ont lieu par bulletin secret, à la majorité absolue des suffrages des membres présents.

Après deux tours de scrutin, s'il ne s'est pas formé de majorité absolue, l'assemblée procède au scrutin de ballottage entre les candidats qui ont réuni le plus de voix au second tour.

Lorsqu'il y a égalité de voix au scrutin de ballottage, le plus âgé est élu.

ART. 37.

Les délibérations de l'assemblée générale ne sont valables, dans une première réunion, qu'autant que *quinze* [2] membres au moins y ont participé par eux-mêmes ou par leurs fondés de pouvoirs.

Dans le cas où ce nombre ne serait pas atteint, l'assemblée est renvoyée à un mois, et les membres présents à cette nouvelle réunion peuvent délibérer valablement, quel que soit leur nombre, mais seulement sur les objets qui auront été mis à l'ordre du jour de la première réunion.

ART. 38.

L'assemblée générale peut être convoquée extraordinairement toutes les fois que, sur la proposition de l'un de ses membres, le conseil d'administration en reconnaîtra la nécessité.

Elle doit toujours être convoquée en cas de démission ou de mort

---

(1) Article 3 du décret complémentaire du 17 novembre 1852.

(2) Art. 3 du décret spécial précité.

du censeur et du censeur suppléant, ou de l'un des trois administrateurs à la nomination des actionnaires. Le membre élu en remplacement d'un autre ne demeurera en exercice que pendant la durée du mandat confié à son prédécesseur.

L'assemblée générale devra être convoquée extraordinairement, 1° lorsque *dix* actionnaires, réunissant ensemble *la moitié* (1) au moins des actions, en auront adressé la demande écrite au directeur ou au gouverneur de la colonie ; 2° dans le cas où des pertes résultant des opérations de la banque auraient réduit le capital de moitié.

ART. 39.

Les convocations ordinaires et extraordinaires sont faites par lettres individuelles adressées aux membres de l'assemblée générale, aux domiciles par eux indiqués sur les registres de la banque, et par un avis inséré, un mois au moins avant l'époque de la réunion, dans l'un des journaux de la colonie désigné à cet effet par le gouverneur.

Les lettres et l'avis doivent contenir l'indication sommaire de l'objet de la convocation.

SECTION II.

DU CONSEIL D'ADMINISTRATION.

ART. 40.

L'administration de la banque est confiée à un conseil composé d'un directeur et de quatre administrateurs.

Le trésorier de la colonie est de droit administrateur de la banque, les trois autres sont élus par l'assemblée des actionnaires.

Lorsque la ville où est établie la banque n'est pas en même temps le lieu de la résidence du trésorier colonial, celui-ci pourra se faire remplacer comme administrateur de la banque par la personne qu'il aura déléguée.

Le conseil d'administration sera assisté de deux censeurs, dont

(1) Art. 4 du décret spécial précité.

l'un sera le contrôleur colonial ou son délégué; l'autre sera élu par l'assemblée des actionnaires.

ART. 11.

Le conseil d'administration fait tous les règlements du régime intérieur de la banque.

Il fixe, dans les limites légales, le taux de l'escompte et de l'intérêt, les changes, commissions et droits de garde, le mode à suivre pour l'estimation des lingots, monnaies et matières d'or et d'argent, des marchandises et des récoltes.

Il autorise, dans les limites des statuts, toutes les opérations de la banque et en détermine les conditions.

Il fait choix des effets ou engagements qui peuvent être admis à l'escompte, sans avoir besoin de motiver le refus; il statue sur les signatures dont les billets de la banque doivent être revêtus, sur le retrait et l'annulation de ces billets.

Il veille à ce que la banque ne fasse d'autres opérations que celles déterminées par ses statuts et dans les formes prescrites par les règlements intérieurs de la banque.

Il fixe l'organisation des bureaux, les appointements et salaires des agents et employés et les dépenses générales de l'administration, lesquelles devront être déterminées chaque année et d'avance.

Sur la proposition du directeur, le conseil nomme et révoque les employés.

Les actions judiciaires sont exercées en son nom, poursuites et diligences du directeur.

ART. 12.

Il est tenu registre des délibérations du conseil d'administration.

Le procès-verbal, approuvé par le conseil, est signé par le directeur et par l'un des administrateurs présents.

ART. 13.

Le conseil d'administration se réunit au moins deux fois par semaine.

Il se réunit extraordinairement toutes les fois que le directeur le juge nécessaire ou que la demande en est faite par les censeurs ou l'un d'eux.

ART. 4.

Aucune délibération n'est valable sans le concours du directeur et de deux administrateurs, et la présence de l'un au moins des censeurs.

Les censeurs ont seulement voix consultative.

ART. 45.

Le compte des opérations de la banque, qui doit être présenté à l'assemblée générale le jour de la réunion périodique, est arrêté par le conseil d'administration et présenté en son nom par le directeur.

Ce compte est imprimé et remis au gouverneur de la colonie et à chacun des membres de l'assemblée générale.

SECTION III.

DU DIRECTEUR.

ART. 46.

Le directeur est nommé par décret du Président de la République, sur une liste triple de présentation émanée de la commission de surveillance, instituée en vertu de l'article 11 de la loi organique des banques coloniales, et sur le rapport tant du ministre de la marine et des colonies que du ministre des finances. Ce décret est contresigné par le ministre de la marine et des colonies.

Le traitement du directeur est fixé par arrêté ministériel et payé par la banque.

ART. 47.

Le directeur préside le conseil d'administration, et en fait exécuter les délibérations.

Nulle délibération ne peut être exécutée que si elle est revêtue de la signature du directeur.

Aucune opération d'escompte ou d'avance ne peut être faite sans son approbation.

ART. 48.

Il dirige les bureaux, présente à tous les emplois, signe la correspondance, les acquits et endossements d'effets, les traites ou mandats à ordre.

ART. 49.

Le directeur ne peut faire aucun commerce, ni s'intéresser dans aucune entreprise commerciale. Aucun effet ou engagement revêtu de sa signature ne peut être admis à l'escompte.

ART. 50.

Le directeur ne peut être révoqué que par un décret du Président de la République, rendu sur le rapport du ministre de la marine et des colonies.

Il peut être suspendu par le gouverneur en conseil.

ART. 51.

En cas d'empêchement ou de cessation des fonctions du directeur, pour une cause quelconque, le gouverneur nomme, en conseil privé, un directeur intérimaire, qui a toutes les attributions du directeur titulaire.

Avant d'entrer en fonctions, le directeur justifiera de la propriété de dix actions (1).

SECTION IV.

DES ADMINISTRATEURS.

ART. 52.

Les administrateurs sont nommés par l'assemblée générale des actionnaires, et conformément à l'article 40 ci-dessus.

(1) Art. 6 du décret spécial précité.

ART. 53.

En entrant en fonctions, chacun des quatre administrateurs est tenu de justifier qu'il est propriétaire de *cinq* actions (1). Ces actions doivent être libres, et demeurent inaliénables pendant la durée des fonctions de l'administrateur.

ART. 54.

Les administrateurs électifs sont nommés pour trois ans.

Ils sont nommés par tiers chaque année.

Le sort déterminera l'ordre de sortie de ces administrateurs pour chacune des deux premières années.

Ils sont rééligibles.

ART. 55.

Les administrateurs reçoivent des jetons de présence dont le montant est fixé par l'assemblée générale.

SECTION V.

DES CENSEURS.

ART. 56.

Les fonctions de censeur élu par l'assemblée générale des actionnaires durent deux ans.

Il est rééligible.

Il doit posséder le même nombre d'actions inaliénables que les administrateurs (2).

ART. 57.

Les censeurs veillent spécialement à l'exécution des statuts et des règlements de la banque ; ils exercent leur surveillance sur toutes les

(1) Art. 3 du décret spécial. — Le trésorier est dispensé de cette obligation, aux termes de l'article 4 du décret du 17 novembre 1852.

(2) Article 4 du décret complémentaire du 17 novembre 1852.

parties de l'établissement ; ils se font représenter l'état des caisses, les registres et le portefeuille de la banque ; ils proposent toutes les mesures qu'ils croient utiles, et, si leurs propositions ne sont pas adoptées, ils peuvent en requérir la transcription sur le registre des délibérations.

Ils rendent compte à l'assemblée générale, dans chacune de ses réunions annuelles, de la surveillance qu'ils ont exercée.

Leur rapport est imprimé et distribué avec le compte présenté par le conseil d'administration. Ils ont droit, comme les administrateurs, à des jetons de présence.

ART. 58.

Un censeur suppléant est nommé par l'assemblée générale des actionnaires.

En cas d'empêchement du censeur électif, le censeur suppléant remplit toutes les fonctions attribuées à celui-ci par les articles précédents. Il est tenu des mêmes obligations et jouit des mêmes prérogatives. Il est nommé pour deux ans et rééligible.

ART. 59.

Le contrôleur colonial, en sa qualité de censeur, correspond avec le gouverneur et le ministre de la marine. Il rend chaque mois, et plus souvent, s'il y a lieu, au ministre, compte de la surveillance qu'il exerce.

ART. 60.

En cas d'empêchement du contrôleur colonial, l'agent délégué par le gouverneur pour le remplacer dans ses fonctions principales le remplace également dans ses fonctions comme censeur.

ART. 61.

Le ministre et le gouverneur, soit d'office, soit sur la provocation de la commission de surveillance, pourront, lorsqu'ils le jugeront convenable, faire procéder, par les agents qu'ils désigneront, à toute vérification des registres, des caisses et des opérations de la banque.

TITRE III.

DISPOSITIONS GÉNÉRALES.

ART. 62.

Dans le cas où, par suite de pertes sur les opérations de la banque, le capital serait réduit des deux tiers, la liquidation de la société aura lieu de plein droit.

Dans le cas où, par la même cause, la réduction serait d'un tiers, l'assemblée de tous les actionnaires, convoquée extraordinairement, pourra demander la liquidation. Cette demande ne sera valable que si elle réunit la majorité en nombre et les deux tiers en capital des intéressés. Le Gouvernement examinera si les intérêts généraux de la colonie et ceux des tiers permettent de prononcer la dissolution de la société, qui ne pourra résulter que d'un décret du Président de la République, précédé de l'avis de la commission de surveillance et de celui du conseil d'État.

En cas de dissolution, le Gouvernement déterminera le mode à suivre pour la liquidation, et désignera les agents qui en seront chargés.

ART. 63.

Deux ans avant l'époque fixée pour l'expiration de la société, l'assemblée générale sera appelée à décider si le renouvellement de la société doit être demandé au Gouvernement.

COMMISSION DE SURVEILLANCE

DES BANQUES COLONIALES

FORMÉE PRÈS LE DÉPARTEMENT DE LA MARINE ET DES COLONIES, AUX TERMES DE L'ART. 13 DE LA LOI DU 11 JUILLET 1851.

La Commission de surveillance des banques coloniales est composée ainsi qu'il suit :

MM. Barbaroux (C ✱), Conseiller d'État, désigné par le Conseil d'Etat, président;

Mestro (C ✱), Conseiller d'Etat, directeur des colonies, désigné par le ministre de la marine ;

Marbeau (O ✱), Trésorier général de la marine, *idem ;*

Rihouet (O ✱), Conseiller maître à la cour des comptes, désigné par le ministre des finances ;

Andouillé (O ✱), directeur du mouvement général des fonds au ministère des finances, *idem ;*

Legentil (C ✱), Régent de la Banque de France, élu par le conseil général de la Banque ;

James Odier (✱), *idem ;*

Paul Tiby (✱), Secrétaire de la Commission.

DÉCRET

SUR

LA PARTICIPATION DES DIRECTEURS.

(24 mars 1852.)

LOUIS-NAPOLÉON, Président de la République française,

Vu la loi du 11 juillet 1851, sur l'organisation des banques coloniales ;

Vu les statuts annexés à ladite loi ;

Considérant qu'aucune disposition des statuts précités n'impose aux agents qui doivent être chargés de la direction des établissements de crédit à fonder aux colonies l'obligation de se rendre porteurs d'un certain nombre d'actions représentatives du capital; que cependant cette participation au fonds social, qui est d'ailleurs imposée aux membres du conseil d'administration par l'article 53 des statuts, entre dans les règles ordinaires des établissements de banque :

Considérant, d'un autre côté, que, de la combinaison des articles 40 et 53 des statuts, ressort, pour les trésoriers des colonies, qui doivent, en leur qualité, faire de droit partie du conseil d'administration des banques, l'obligation de se rendre porteurs d'un certain nombre d'actions, comme garantie de la gestion qui leur est ainsi imposée, et que cette obligation ne peut être équitablement maintenue :

Sur le rapport du ministre de la marine et des colonies, et de l'avis du ministre des finances;

La commission de surveillance des banques coloniales entendue,

Décrète :

ARTICLE PREMIER.

Avant d'entrer en fonctions, les directeurs des banques de la Martinique, de la Guadeloupe et de la Réunion, justifieront de la propriété de vingt actions.

Les directeurs des banques du Sénégal et de la Guyane justifieront de la propriété de dix actions (1).

ART. 2.

Ces actions doivent être libres et demeurent inaliénables pendant la durée de la gestion du directeur.

ART. 3.

L'article 53 des statuts des banques coloniales n'est pas applicable aux trésoriers des colonies, appelés en cette qualité à faire partie du conseil d'administration de ces établissements.

ART. 4.

Le ministre de la marine et des colonies est chargé de l'exécution du présent décret, qui sera inséré au *Bulletin des lois*.

Signé LOUIS-NAPOLÉON.

Par le Président :

Le Ministre de la marine et des colonies,

Signé Théodore Ducos.

---

(1) Décret spécial du 2 décembre 1854.

DÉCRET

SUR

L'ORGANISATION DES BANQUES COLONIALES.

(22 décembre 1851.)

LE PRÉSIDENT DE LA RÉPUBLIQUE,

Sur le rapport du ministre de la marine et des colonies;

Vu les lois des 30 avril 1849 et 11 juillet 1851;

Vu les ordonnances organiques du Gouvernement et de l'administration dans les colonies;

La commission de surveillance des banques coloniales entendue,

DÉCRÈTE :

TITRE PREMIER.

MESURES PRÉPARATOIRES POUR L'ÉTABLISSEMENT DES BANQUES COLONIALES.

ARTICLE PREMIER.

Les frais de premier établissement des banques coloniales auxquels le ministre de la marine et des colonies est autorisé à pourvoir, aux termes de l'article 2 de la loi du 11 juillet 1851, comprenant :

1° Les frais de fabrication des billets ;

2° L'achat et les frais de transport des registres, du papier, des fournitures de bureau et du mobilier nécessaires à l'installation des banques ;

3° Les frais d'assurance et de fret pour envoi de fonds ;

4° Le traitement, en Europe, des directeurs ; les frais de passage de ces agents et de leur famille ;

5° Les loyers des bureaux et les frais de secrétariat des directeurs aux colonies, jusqu'à ce que l'administration des banques ait été constituée ;

6° Tous autres frais de premier établissement, dont la Commission de surveillance des banques coloniales aura reconnu l'urgence.

Ces dépenses ne pourront avoir lieu qu'en vertu d'arrêtés du ministre de la marine et des colonies, rendus sur l'avis de la commission de surveillance des banques coloniales, ou par délégation expresse du ministre, en vertu de décisions des gouverneurs, délibérées en conseil privé.

ART. 2.

Le ministre de la marine et des colonies réglera, d'accord avec le ministre des finances, le mode qui sera suivi, tant en France qu'aux colonies, pour l'acquittement, à titre d'avances, des frais de premier établissement des banques coloniales.

ART. 3.

Sur la notification qui leur sera faite du montant des avances autorisées par des arrêtés ou des décisions pris conformément à l'article 1er, les banques coloniales seront tenues d'opérer le remboursement de ces avances par imputation sur les arrérages des rentes affectées à la formation de leur capital, en exécution de l'article 2 de la loi du 11 juillet 1851.

ART. 4.

Le ministre de la marine et des colonies est autorisé à retirer des mains du ministre des finances, pour le compte des banques coloniales, les inscriptions de rentes à émettre en exécution de l'article 2 de la loi du 11 juillet 1851, et à contracter, après avoir pris l'avis de la commission de surveillance, soit avec la banque de France, soit avec la caisse des dépôts et consignations, pour obtenir, au profit desdites banques, sur le dépôt des inscriptions qui leur appartiennent respectivement, des avances en numéraire.

Les rentes ainsi engagées, soit à la banque de France, soit à la caisse des dépôts et consignations, par le ministre de la marine et des colonies, ne pourront excéder la moitié de celles qui auront été retirées des mains du ministre des finances [1].

ART. 5.

Il sera pourvu, par les soins du ministre de la marine et du ministre des finances, à l'envoi, dans chaque colonie, des fonds provenant des avances réalisées en vertu de l'article 4 ; ces fonds seront transmis à l'administration de chaque banque aussitôt après la constitution régulière de ces administrations, et seront affectés aux premières opérations.

[1] Voir, page 58, la mesure d'exécution de cet article.

TITRE II.

DISPOSITIONS RELATIVES A LA CONVERSION EN ACTIONS DE LA BANQUE DES TITRES DE PRÉLÈVEMENTS SUR L'INDEMNITÉ COLONIALE.

ART. 6.

Aussitôt après la promulgation du présent décret dans les colonies auxquelles est applicable la loi du 11 juillet 1851, il sera procédé à la constatation des droits des indemnitaires, quant à leur participation au capital de la banque.

A cet effet, le directeur de l'intérieur, au vu des *titres de prélèvement* demeurés aux mains de l'administration en vertu de l'article 52 du décret du 24 novembre 1849 et de la souche des *titres à valoir* sur le prélèvement spécifiés au paragraphe 3 de l'article 51 du même décret, dressera un tableau détaillé présentant :

1° Le nom des indemnitaires passibles du prélèvement du huitième ;

2° Le montant du prélèvement opéré sur leurs indemnités respectives ;

3° La portion de ce prélèvement immédiatement convertible en actions et représentant la part proportionnelle de propriété afférente à l'indemnitaire dans le fonds de deux millions de francs pour chacune des trois colonies de la Martinique, de la Guadeloupe et de la Réunion, et de cinq cent mille francs pour la Guyane, affecté aux premières opérations des banques par la loi du 11 juillet 1851 ;

4° La portion de cette même indemnité destinée à être éventuellement convertie en actions dans le délai d'une année, à partir de la promulgation de la loi du 11 juillet 1851, et représentant la part proportionnelle de l'indemnitaire dans le capital complémentaire d'un million de francs pour les trois premières colonies et de deux cent mille francs pour la Guyane ;

5° Le résidu qui, aux termes de la loi du 11 juillet 1851, ne devra pas faire partie du capital des banques.

Le tableau sera signé par l'ordonnateur, visé par le contrôleur, et approuvé par le gouverneur en conseil privé.

ART. 7.

Les droits afférents aux indemnités restant à distribuer au moment de la promulgation du présent décret seront réglés au nom de l'indemnitaire originaire inscrit au tableau énoncé en l'article 11 du décret du 24 novembre 1849.

ART. 8.

Aussitôt après la formation de l'état dressé en exécution de l'article 6 du présent décret, et sur l'avis qui en sera porté à la connaissance du public par le directeur de l'intérieur, les porteurs de *certificats de prélèvement* et de *titres à valoir* devront les déposer au secrétariat de la direction de l'intérieur, avec toutes les pièces à l'appui de leur possession. Il leur en sera délivré récépissé.

ART. 9.

Dans un délai qui sera fixé par arrêté du gouverneur et qui courra du jour du dépôt, chaque déposant recevra :

1° Son titre, au dos duquel seront portés les résultats de

la liquidation énoncée à l'article 6 ci-dessus, lequel titre représentera la portion immédiatement convertible en actions de la banque ;

2° Deux coupons de division qui représenteront, l'un la portion du prélèvement éventuellement convertible en actions, aux termes du paragraphe 4 dudit article 6; l'autre le résidu énoncé au paragraphe 5 du même article.

ART. 10.

Les souscriptions volontaires destinées à former le complément du capital des banques, conformément à l'article 3 de la loi du 11 juillet 1851, seront reçues par le directeur de l'intérieur, qui les transmettra à la banque pour en poursuivre la réalisation et procéder à la délivrance des actions.

ART. 11.

A l'expiration du délai d'un an, à partir de la promulgation, dans chaque colonie, de la loi du 11 juillet 1851, un arrêté du gouverneur déterminera :

1° Le montant des souscriptions volontaires réalisées pour compléter le capital de la banque ;

2° La différence entre le montant desdites souscriptions et le prélèvement complémentaire éventuellement affecté par la loi précitée à parfaire le capital de la banque ;

3° Le rapport de ces deux termes entre eux.

Ce rapport servira de base, s'il y a lieu, à une sous-division des coupons de la seconde catégorie en deux séries ; la première représentant la part afférente aux ayants droit dans le prélèvement complémentaire à effectuer sur l'indemnité pour former le capital définitif de la banque ; la deuxième représentant une nouvelle portion de l'indemnité laissée en dehors dudit capital.

Cette opération sera effectuée en vertu d'arrêtés pris par les gouverneurs, en conseil privé, et suivant les règles ci-dessus tracées pour la conversion des titres de prélèvements en coupons de division.

ART. 12.

Aussitôt que la banque de chaque colonie aura été régulièrement constituée, il sera procédé, par les soins de l'administration de la banque, dans les termes des articles 7 et 8 des statuts, à la conversion des titres de prélèvement en actions pour la valeur qu'ils représenteront dans le premier capital à la suite de la liquidation prescrite par l'article 9 ci-dessus.

A l'expiration du délai d'un an, à partir de la promulgation de la loi dans chaque colonie, et après que la sous-division des coupons de la deuxième catégorie aura eu lieu par les soins de l'administration de l'intérieur, l'administration de la banque sera tenue d'échanger contre des actions les coupons de sous-division représentatifs d'une part de propriété dans le capital complémentaire de la banque.

ART. 13.

Il sera statué sur les coupons de division de la troisième catégorie et sur les coupons de la sous-division de la deuxième série, après qu'aura été rendue la loi à intervenir suivant l'article 4 de la loi du 11 juillet 1851.

ART. 14.

Des arrêtés du ministre de la marine et des colonies détermineront la forme des coupons de division et de sous-division, les formalités à observer pour l'annulation des titres de prélèvements, lorsque ces titres auront été convertis, et toutes autres mesures d'exécution.

TITRE III.

MESURES ADMINISTRATIVES CONCERNANT LA SURVEILLANCE A EXERCER SUR LES BANQUES COLONIALES.

ART. 15.

La surveillance locale des banques coloniales est placée sous l'autorité du gouverneur, dans les attributions du directeur de l'intérieur.

Ce chef d'administration correspond directement avec l'administration de la banque, sert d'intermédiaire entre cette administration et le gouverneur, et remplit, en ce qui concerne cette partie du service, les attributions qui lui sont dévolues par les articles 113, 114, 115, 116 et 117 de l'ordonnance organique du 9 février 1827 pour la Martinique et la Guadeloupe ; 97, 98, 99, 100 et 106 de l'ordonnance organique du 21 août 1825 pour l'île de la Réunion ; 91, 92, 101, 102, 103, 104 et 110 de l'ordonnance organique du 27 août 1828 pour la Guyane française.

ART. 16.

Les administrations des banques coloniales adresseront

au directeur de l'intérieur de la colonie, dans les huit jours de leur date :

Les procès-verbaux des délibérations de l'assemblée générale des actionnaires et tous les documents mis par l'administration des banques sous les yeux de cette assemblée ;

Le budget des dépenses, les règlements du régime intérieur et les actes de toute nature faits par le conseil d'administration en vertu de l'article 41 des statuts,

Elles adresseront tous les mois au même chef d'administration les documents suivants :

Une balance des comptes du grand-livre appuyée d'états de développement ;

Un état de situation de caisse et de portefeuille ;

Les situations publiées dans le journal local, conformément à l'article 27 des statuts ;

Un relevé, par coupure et par somme, des billets fabriqués, émis, rentrés, annulés et en circulation ;

Une liste nominative des souscripteurs d'effets admis à l'escompte, de leurs bénéficiaires et présentateurs ;

Une copie du registre des délibérations du conseil de la banque.

Tous ces documents devront être en double expédition et certifiés par les censeurs.

L'un des doubles sera transmis au ministère de la marine et des colonies, avec les observations du directeur de l'intérieur et du gouverneur.

ART. 17.

Indépendamment des productions exigées par l'article qui précède, des arrêtés du ministre de la marine et des décisions des gouverneurs en conseil privé pourront exiger des banques coloniales toutes communications nécessaires à l'exercice de la surveillance de l'État sur ces établissements.

ART. 18.

Des arrêtés du ministre de la marine et des colonies, et des décisions des gouverneurs fixent la forme des documents dont la production doit être faite par l'administration des banques coloniales, aux termes des articles précédents.

TITRE IV.

DISPOSITIONS DIVERSES.

ART. 19.

Il sera procédé, par un arrêté du gouverneur, en conseil privé, à l'exécution des articles 32 et 33 des statuts des banques coloniales. Cet arrêté proclamera membres de l'assemblée générale les cent cinquante plus forts indemnitaires liquidés résidant dans la colonie, ou y ayant des mandataires généraux.

Il déterminera la forme des pouvoirs spéciaux énoncés en l'article 33.

Le directeur présidera l'assemblée générale des indemnitaires liquidés (1).

ART. 20.

Immédiatement après la conversion de la moitié, en

(1) Article 5 du décret complémentaire du 17 novembre 1852.

noms et en sommes, des prélèvements en actions ou, à défaut, dans un délai de trois mois à partir de l'entrée en fonctions du conseil d'administration provisoire, il sera procédé à une assemblée générale des actionnaires dont la réunion mettra fin aux pouvoirs de celle ci-dessus indiquée et du conseil d'administration qu'elle aura formé. Pour cette convocation et la formation du nouveau conseil, il sera fait application du titre II des statuts.

ART. 21.

Le ministre de la marine et des colonies et le ministre des finances, chacun en ce qui le concerne, sont chargés de l'exécution du présent décret, qui sera inséré au *Bulletin des lois*.

Fait au palais de l'Élysée National, le 22 décembre 1851.

Signé LOUIS-NAPOLÉON BONAPARTE.

Par le Président de la République :

Le Ministre Secrétaire d'État de la marine et des colonies,

Signé THÉODORE DUCOS.

MESURE D'EXÉCUTION

DE L'ARTICLE 4 DU DÉCRET QUI PRÉCÈDE.

Par conventions du 15 novembre 1854 intervenues entre M. le ministre de la marine et des colonies, agissant en vertu des pouvoirs qui lui sont conférés par l'article 4 du décret du 22 décembre 1852, et M. le directeur général de la caisse des dépôts et consignations, une somme de 115,020 francs a été mise par cet établissement à la disposition de la banque de la Guyane, pour lui servir de provision en Europe. Un titre de 6,750 francs a été transféré en nantissement à la caisse sur le pied des 4/5 du capital au cours de 95 fr. 85, et cet établissement a, par suite, ouvert à la banque un compte courant à intérêt réciproque de 4 1/2 pour cent, au crédit duquel figureront les arrérages du titre susmentionné.

Le solde du capital de la banque est représenté par un titre de 6,750 francs de rente qui demeure immatriculé en son nom et déposé à l'Agence centrale comme ceux des trois principaux établissements qui fonctionnent depuis 1853, pour le montant des arrérages être perçu au compte de la banque (¹).

(¹) Voir, page 68, l'article 9 de l'arrêté *d'organisation de l'Agence centrale*.

DÉCRET COMPLÉMENTAIRE

, DE

LA LÉGISLATION ORGANIQUE DES BANQUES

ET CONSTITUTIF DE L'AGENCE CENTRALE

(17 novembre 1852.)

LOUIS-NAPOLÉON, Président de la République française,

Sur le rapport du ministre de la marine et des colonies;

Vu la loi du 30 avril 1849 sur l'indemnité accordée aux colons par suite de l'abolition de l'esclavage;

Vu la loi du 11 juillet 1851 sur l'organisation des banques coloniales et les statuts y annexés;

Considérant que lesdits statuts des banques coloniales ont besoin d'être modifiés ou complétés dans plusieurs de leurs dispositions;

Considérant qu'il est utile de centraliser dans une agence commune l'action de chaque banque coloniale sur les opérations de ces établissements qui doivent s'effectuer en Europe;

Qu'en même temps cette centralisation est indispensable à l'exercice de la surveillance confiée à la commission instituée près le département de la marine et des colonies par l'article 13 de la loi précitée du 11 juillet 1851 ;

La commission de surveillance des banques coloniales entendue,

Décrète :

I. Dispositions modificatives ([1]).

ARTICLE PREMIER.

Les 2e et 3e paragraphes de l'article 7 des statuts annexés à la loi du 11 juillet 1851 sur les banques coloniales, sont et demeurent modifiés ainsi qu'il suit :

« Les coupures d'actions ne seront délivrées que comme « appoints des actions de 500 francs ou pour conversion de « *titres de prélèvement* inférieurs à cette valeur. Réunies en « sommes suffisantes en une même main, elles devront être « converties en actions avant le 1er janvier 1855. A partir « de cette date, elles cesseront de donner droit aux divi- « dendes. »

ART. 2.

L'article 27 des statuts est et demeure modifié ainsi qu'il suit :

« La banque publiera, tous les mois, sa situation dans le « journal désigné à cet effet par le gouverneur. »

([1]) Il est entendu que ces dispositions ne sont reproduites ici que pour ordre ; les modifications qu'elles renferment ayant pris successivement place dans les textes qui en étaient l'objet.

ART. 3.

L'article 35 des statuts est et demeure modifié ainsi qu'il suit :

« L'assemblée générale se réunit au moins une fois par « année, dans le courant du mois de juillet.

« Elle est convoquée et présidée par le directeur.

« Les trois plus forts actionnaires présents forment le bu- « reau provisoire et désignent un secrétaire.

« L'assemblée procède immédiatement à la formation de « son bureau définitif.

« Le secrétaire du bureau tant provisoire que définitif « est choisi parmi les trois actionnaires composant le bu- « reau. »

ART. 4.

L'article 56 des statuts est et demeure modifié ainsi qu'il suit :

« Les fonctions du censeur nommé par l'assemblée géné- « rale des actionnaires durent deux ans.

« Il est rééligible.

« Il doit posséder le même nombre d'actions inaliénables « que les administrateurs. »

ART. 5.

Le 1er paragraphe de l'article 19 du décret du 22 dé- cembre 1851 est complété ainsi qu'il suit :

« Le directeur présidera l'assemblée générale des indem- « nitaires liquidés. »

II. Dispositions complémentaires.

Art. 6.

Il est institué à Paris une *Agence centrale des banques coloniales.*

Art. 7.

L'agent central représente les banques dans les opérations qu'elles ont à faire avec la métropole. Il exerce toutes leurs actions judiciaires et extrajudiciaires.

Il agit comme délégué de ces établissements près le ministre de la marine et des colonies et près la commission de surveillance établie par l'article 13 de la loi du 11 juillet 1851.

Il dirige la confection des billets de circulation et pourvoit, sur les instructions des conseils d'administration des banques, à tous les achats de matériel.

Un arrêté du ministre de la marine et des colonies, rendu après avis de la commission de surveillance, déterminera les règles à suivre pour l'organisation et le mode d'action de l'Agence centrale ([1]).

Art. 8.

Un établissement de crédit public, désigné par le ministre de la marine et des colonies, effectuera, sur le visa de l'agent central, les encaissements et les payements pour

---

([1]) Voir cet arrêté.

chaque banque. Cet établissement [illegible], pour chacune d'elles, un compte courant distinct et séparé (¹).

ART. 9.

Les actions nominatives des banques coloniales peuvent être transférées à Paris au siége de l'Agence centrale, suivant des formalités complémentaires de l'article 10 des statuts, qui seront déterminées par l'arrêté ministériel à intervenir.

ART. 10.

L'agent central des banques coloniales est nommé par le ministre de la marine sur une liste triple de candidats formée par la commission de surveillance (²). Il est révocable par le ministre.

Il devra, en entrant en fonctions, justifier de la propriété de quatre actions dans le fonds social de chacune des banques de la Martinique, de la Guadeloupe et de la Réunion. Ces actions demeureront inaliénables pendant la durée de son administration.

ART. 11.

Les dépenses du personnel et du matériel de l'Agence centrale seront déterminées par l'arrêté ministériel prévu à l'article 7, les directeurs et la commission de surveillance entendus.

Elles seront supportées par les différentes banques proportionnellement au chiffre de leur capital.

(¹) Voir, page 82, la mesure d'exécution de cet article.
(²) Voir, page 81, l'arrêté de nomination de l'agent central.

ART. 12.

Il sera pourvu tant à ces dernières dépenses qu'à celles mentionnées au 3e paragraphe de l'article 7 et au payement des dividendes en Europe, au moyen de crédits particuliers que chaque banque ouvrira à l'agent central sur l'établissement public mentionné par l'article 8 ci-dessus.

ART. 13.

Le ministre de la marine et des colonies est chargé de l'exécution du présent décret, qui sera inséré au *Bulletin des lois*.

Fait au palais de Saint-Cloud, le 17 novembre 1852.

Signé LOUIS-NAPOLÉON.

Par le Président de la République :

Le Ministre de la marine et des colonies,
Signé THÉODORE DUCOS.

ARRÊTÉ MINISTÉRIEL

SUR

L'ORGANISATION DE L'AGENCE CENTRALE.

(1 décembre 1852.)

LE MINISTRE DE LA MARINE ET DES COLONIES,

Vu la loi du 11 juillet 1851 sur l'organisation des banques coloniales et les statuts y annexés;

Vu le décret du 17 novembre 1852, complémentaire desdits statuts, et constitutif d'une Agence centrale des banques coloniales à Paris;

La commission de surveillance des banques coloniales entendue,

ARRÊTE :

SECTION I.

OPÉRATIONS DE L'AGENCE CENTRALE.

ARTICLE PREMIER.

Les rapports à engager par l'intermédiaire de l'Agence centrale des banques coloniales, entre lesdites banques et l'établissement de crédit à désigner, par le ministre de la marine, aux termes de l'article 8 du décret du 17 novembre 1852, reposeront sur les bases établies dans les articles suivants :

ART. 2.

Un compte courant distinct et séparé sera ouvert à chaque banque par l'établissement de crédit désigné.

ART. 3.

Au crédit de ce compte courant seront portés :

1° Les sommes retirées de la caisse des dépôts et consignations sur celles mises à la disposition des banques par ladite caisse;

2° Le montant des recouvrements du papier du portefeuille des banques coloniales sur l'Europe;

3° Le montant du même papier qu'il y aurait lieu de faire escompter en Europe;

4° Le montant des arrérages d'inscriptions de rentes appartenant aux banques coloniales, ou provenant de leurs opérations;

5° Le montant de la réalisation qui pourra être faite desdites inscriptions;

6° Le montant de tous autres versements qui pourront être faits au crédit desdites banques.

Le débit du compte courant se composera du montant des traites ou mandats émis en Europe par les banques coloniales :

1° Au profit de la caisse des dépôts et consignations;

2° Au profit de tiers;

3° Au profit de l'établissement de crédit sur lui-même;

4° Au profit de l'agent central lui-même.

ART. 4.

Les banques coloniales, suivant qu'il y aura lieu d'augmenter ou de réduire leur compte à la caisse des dépôts et consignations, émettront, au profit de l'établissement de crédit sur cette caisse, et, réciproquement, au profit de cette caisse sur l'établissement de crédit, des mandats qui seront transmis à l'Agence centrale. L'agent central visera ces mandats, en fera la remise à l'établissement intéressé et prendra les dispositions que pourra comporter l'opération.

ART. 5.

Les lettres de change, traites ou mandats du portefeuille des banques coloniales recouvrables en France seront passés à l'ordre de l'établissement de crédit à désigner par le ministre de la marine et adressés par la banque intéressée à l'Agence centrale qui pourvoira aux formalités de l'acceptation et en fera la remise audit établissement.

ART. 6.

En cas de non-acceptation l'agent central annulera l'endossement mis en faveur de l'établissement de crédit et remplira les mesures conservatoires et d'exécution au nom de la banque coloniale.

L'Agence centrale conservera à cette fin les connaissements de marchandises passés à l'appui des valeurs à une seule signature.

ART. 7.

En cas de non-payement à échéance, l'établissement de crédit, après avoir annulé l'endossement mis en sa faveur, fera faire le protêt au nom de la banque coloniale. Le dossier sera remis à l'Agence centrale pour la suite à donner.

Les recouvrements effectués à la suite des poursuites seront immédiatement versés à l'établissement de crédit.

ART. 8.

Lorsque, sur l'avis que pourront donner les banques, il y aura lieu de faire escompter les valeurs à recouvrer, par elles transmises, la présentation en sera faite à l'établissement de crédit par l'Agence centrale.

ART. 9.

Les inscriptions de rentes représentatives du capital des banques ou provenant de leurs opérations demeureront déposées à l'établissement de crédit, ou à l'Agence centrale qui, dans ce cas, en fera la remise à l'établissement de crédit à l'échéance des semestres. Les arrérages seront perçus par l'établissement de crédit.

ART. 10.

Lorsqu'il y aura lieu à la réalisation desdites inscriptions, elle se fera en vertu de pouvoirs spéciaux donnés par la banque intéressée à l'Agence centrale. Ces pouvoirs impliqueront, pour l'agent de change chargé d'opérer, l'obligation de verser le montant de la réalisation dans les caisses de l'établissement de crédit.

ART. 11.

Les traites ou mandats de payements sur France, qu'émettront les banques coloniales, seront présentés par le porteur au *visa* de l'agent central et payés par l'établissement de crédit, qui recevra avis de l'Agence dans les dix jours qui précéderont l'échéance.

ART. 12.

L'établissement de crédit sera chargé d'expédier aux banques coloniales les espèces d'or et d'argent au type national dont elles auront réclamé l'envoi. La demande sera transmise par l'Agence centrale qui remettra en même temps un mandat tiré par la banque coloniale sur l'établissement de crédit en faveur de lui-même. Les groupes monétaires seront comptés par l'établissement de crédit, en présence de l'Agent central et remis à l'entrepreneur de transports que celui-ci aura choisi. L'agent central demeure chargé de pourvoir aux assurances et de retirer le connaissement.

ART. 13.

Les banques coloniales émettront des mandats sur l'établissement de crédit en faveur de l'Agence pour :

1° L'achat et l'expédition des espèces d'or et d'argent étrangères dont elles sentiront la nécessité de s'approvisionner;

2° Le règlement des dividendes à payer en France, aux termes de l'article 30 des statuts;

3° Celui des fournitures de matériel dont elles auront demandé l'envoi;

4° Celui des frais d'administration de l'Agence tels qu'ils sont déterminés par l'article 23 du présent arrêté.

Moyennant l'ouverture de ces crédits, l'Agence centrale pourvoira aux opérations ou règlements ci-dessus spécifiés.

ART. 14.

Il sera tenu à l'Agence centrale des livres distincts et

séparés ainsi qu'un registre de correspondance pour chacune des banques, dont les opérations ne devront jamais être confondues.

L'agent central devra être, de plus, porteur d'un livret spécial à chaque banque, que lui délivrera l'établissement de crédit et sur lequel sera portée la situation de chaque banque.

ART. 15.

L'Agence centrale adressera mensuellement à chaque banque un compte rendu de ses opérations et un état de situation en ce qui touche les crédits qui seront mis à sa disposition aux termes de l'article 13 du présent arrêté.

SECTION II.

RAPPORTS ADMINISTRATIFS.

ART. 16.

L'agent central des banques coloniales adressera au ministre de la marine et des colonies toutes les communications utiles à l'intérêt de ces institutions.

Il adressera toutes communications analogues à la commission de surveillance instituée près le département de la marine par l'article 13 de la loi du 11 juillet 1851, en la personne de son président.

La commission de surveillance pourra toujours appeler l'agent central dans son sein à titre consultatif, et lui demander, sur la marche de ses opérations, les renseignements et productions qui lui paraîtront nécessaires au contrôle qu'elle est chargée d'exercer. Elle pourra faire par elle-même, ou par ceux de ses membres qu'elle désignera à cet effet, toutes vérifications de ses livres et correspondances.

Les livrets dont il est parlé à l'article 14 du présent arrêté devront être déposés par l'agent central sur le bureau de la commission, toutes les fois qu'il sera appelé à ses délibérations.

ART. 17.

L'agent central devra prendre l'avis de la commission de surveillance toutes les fois qu'il y aura lieu à confection de billets de circulation pour le service des banques. Il sera chargé de suivre l'opération et retirera à cet effet, lorsqu'il y aura lieu, les instruments de fabrication qui demeureront déposés dans la caisse de l'agent comptable du ministère de la marine et des colonies.

SECTION III.

TRANSFERT DES ACTIONS EN EUROPE.

ART. 18.

Les porteurs d'actions nominatives des banques coloniales ou de titres conversibles en actions qui voudront les rendre transférables dans la métropole devront les déposer avec déclaration en ce sens au siége de la banque. Il leur sera remis, contre le dépôt par eux effectué, une lettre d'avis à présenter à l'Agence centrale, qui leur délivrera un titre d'action *tranférable à Paris seulement.*

ART. 19.

Les titres d'actions à délivrer par l'Agence centrale seront extraits d'un registre à souche comme ceux à délivrer dans les colonies. Ils seront revêtus de la signature de l'administrateur de l'Agence et de celle du secrétaire de la commission de surveillance, qui se fera préalablement représenter la lettre d'avis énoncée en l'article 18, et la visera.

ART. 20.

L'agent central recevra toutes déclarations de mutation pour les titres qu'il aura ainsi délivrés, et en effectuera le transfert. Il sera procédé à cet égard suivant les formes tracées par l'article 10 des statuts, la signature de l'agent central remplaçant celle de l'administrateur dont l'intervention est prévue par ledit article.

Les anciens titres seront frappés de timbre d'annulation par l'agent central et par le secrétaire de la commission de surveillance.

ART. 21.

Lorsqu'il y aura lieu d'effectuer le report dans une colonie d'actions *transférables en France seulement*, il y sera procédé conformément aux dispositions des articles 19 et 20. La déclaration et le dépôt énoncés au § 1er de l'article 18 seront faits à l'Agence centrale, qui remettra à l'intéressé une lettre d'avis pour la banque coloniale.

ART. 22.

Les oppositions au transfert des actions d'Europe ne pourront être valablement signifiées qu'à l'Agence centrale; dans le cas où des oppositions de cette nature seraient signifiées dans la colonie, le directeur de la banque coloniale constatera sur l'acte d'opposition son refus motivé d'y donner cours.

SECTION IV.

RÈGLEMENT DES DÉPENSES.

ART. 23.

Le traitement de l'agent central est fixé à dix mille francs.

Le conseil d'administration de chaque banque, aussitôt après sa constitution, déterminera et réglera le montant des crédits et allocations qui devront être ouverts à l'administrateur de l'Agence pour traitements des employés placés sous ses ordres, location et frais de bureau.

Les employés sont à la nomination de l'agent central. Leur traitement sera payé sur états d'émargements.

Lorsqu'il y aura lieu à déplacement de l'agent central pour affaires spéciales à l'une des banques, les frais de voyage seront supportés par la banque intéressée.

ART. 24.

Les fournitures de premier établissement, telles que meubles de bureau, caisse et registres, pourront être achetés par l'agent central, après avis de la commission de surveillance, dans les formes adoptées pour celles des banques coloniales elles-mêmes.

ART. 25.

Jusqu'à la constitution régulière de chaque banque, le ministre de la marine exercera, à l'égard de l'Agence centrale, les pouvoirs d'administrateur provisoire qui lui ont été conférés à l'égard des banques par le titre 1er du décret du 22 décembre 1851.

Paris, le 4 décembre 1852.

Le Ministre secrétaire d'État de la marine et des colonies,

Signé Théodore DUCOS.

NOMINATION DES DIRECTEURS.

(Décrets des 31 mai 1852 et 5 août 1854.)

Sont nommés :

Directeur de la banque de la Martinique, M. DE LA MASSUE (Hubert);

Directeur de la banque de la Guadeloupe, M. DANEY (Adrien);

Directeur de la banque de l'Ile de la Réunion, M. DESSE (Jean);

Directeur de la banque de la Guyane, M. BELLAMY (Jean-Baptiste);

Directeur de la banque du Sénégal, M. REY (Pierre).

ARRÊTÉ MINISTÉRIEL

QUI FIXE

LE TRAITEMENT DES DIRECTEURS.

(22 janvier 1852.)

LE MINISTRE DE LA MARINE ET DES COLONIES,

Vu la loi du 30 avril 1849, sur l'indemnité coloniale ;

Vu la loi du 11 juillet 1851, sur l'organisation des banques coloniales ;

Vu l'article 46 des statuts annexés à cette dernière loi et ainsi conçu :

« Le directeur est nommé par décret du Président de la « République sur une liste triple de présentation émanée « de la commission de surveillance instituée en vertu de « l'article 13 de la loi organique des banques coloniales, et « sur le rapport tant du ministre de la marine et des colo- « nies que du ministre des finances. Ce décret est contre- « signé par le ministre de la marine et des colonies.

« Le traitement du directeur est fixé par arrêté ministé- « riel et payé par la banque ; »

La commission de surveillance des banques coloniales entendue,

ARRÊTE :

ARTICLE PREMIER.

Le traitement des directeurs des banques coloniales est fixé ainsi suit :

Pour la Martinique............	12,000	francs.
Pour la Guadeloupe..........	12,000	
Pour la Réunion..............	12,000	
Pour la Guyane...............	8,000	
Pour le Sénégal..............	6,000 [1]	

Le traitement est distinct et indépendant de la participation éventuelle aux bénéfices prévue par l'article 28 des statuts.

ART. 2.

Le traitement des directeurs des banques coloniales commencera à courir du jour de leur nomination.

Paris, le 22 janvier 1852.

Signé THÉODORE DUCOS.

---

[1] En ce qui touche le Sénégal, il y a arrêté spécial du 12 août 1851 qui n'est pas reproduit ici.

ARRÊTÉ MINISTÉRIEL

QUI FIXE

LE TRAITEMENT D'EUROPE DES DIRECTEURS.

(15 juillet 1852.)

LE MINISTRE DE LA MARINE ET DES COLONIES,

Vu la loi du 30 avril 1849, sur l'indemnité coloniale ;

Vu la loi du 11 juillet 1851 sur l'organisation des banques coloniales;

Vu l'article 46 des statuts annexés à cette dernière loi et ainsi conçu :

« Le directeur est nommé par décret du Président de la « République sur une liste triple de présentation émanée « de la commission de surveillance, instituée en vertu de « l'article 13 de la loi organique des banques coloniales, et « sur le rapport, tant du ministre de la marine et des colo- « nies que du ministre des finances. Ce décret est contre- « signé par le ministre de la marine et des colonies.

« Le traitement du directeur est fixé par arrêté minis- « tériel et payé par la banque ; »

Vu l'arrêté ministériel du 22 janvier 1852, qui, conformément aux textes précités, fixe à 12,000 francs le traitement des directeurs des banques de la Martinique, de la Guadeloupe et de la Réunion, et à 8,000 francs le traitement du directeur de la banque de la Guyane ;

Considérant que, par assimilation à la règle en vigueur pour les fonctionnaires du service colonial, il y a lieu de déterminer la portion de ce traitement à laquelle auront droit les directeurs des banques coloniales jusqu'à leur entrée en fonctions dans les colonies sus-mentionnées,

Arrête :

Le traitement d'Europe des directeurs des banques coloniales est fixé à la moitié du traitement déterminé par l'arrêté du 22 janvier 1852.

Le Ministre de la marine et des colonies,
Signé Théodore DUCOS.

ARRÊTÉ MINISTÉRIEL

QUI NOMME L'AGENT CENTRAL.

(4 décembre 1852.)

LE MINISTRE SECRÉTAIRE D'ÉTAT DE LA MARINE ET DES COLONIES,

Vu l'article 10 du décret du 17 novembre 1852,

Vu la liste des candidats dressée par la commission de surveillance des banques coloniales,

ARRÊTE :

M. Le Pelletier Saint-Remy (Pierre-Marie-Romuald) ✠ est nommé Agent central des banques coloniales.

Fait à Paris, le 4 décembre 1852.

Signé THÉODORE DUCOS.

MESURE D'EXÉCUTION

DE L'ARTICLE 8 DU DÉCRET DU 17 NOVEMBRE 1852.

Sur la demande des directeurs des banques coloniales, approuvée par le ministre de la marine et des colonies, la banque de France a ouvert un compte courant à chacun de ces établissements et les a admis à l'escompte. Le ministre a, en conséquence, informé l'agent central que c'est à la banque de France qu'il aurait à s'adresser pour les rapports prévus par le décret du 17 novembre et la section 1re de l'arrêté du 4 décembre 1852.

RAPPORT AU CONSEIL D'ÉTAT

DE M. LE CONSEILLER H. SAY,

SUR LE PROJET DE LOI ORGANIQUE

ET LE PROJET DES STATUTS

DES BANQUES COLONIALES.

L'obligation de créer des banques aux colonies résulte, pour le Gouvernement, des dispositions précises de la loi du 30 avril 1848, relative à l'indemnité coloniale.

L'article 7 dispose que, « sur la rente de 6 millions, le huitième de la partie afférente à la Martinique, à la Guadeloupe, à la Réunion (et facultativement aux autres colonies) sera prélevé pour servir à l'établissement d'une banque de prêt et d'escompte dans chacune de ces colonies, et que les titres de rentes ainsi prélevés seront déposés dans les caisses des banques comme gages et garanties des billets qu'elles sont autorisées à émettre ». Le même article délègue au Gouvernement le soin d'organiser ces banques par règlement d'administration publique.

L'article 9 de la même loi porte que « les inscriptions

(de rente) seront délivrées aux ayants droit, à compter du 1er octobre 1852, après que les droits respectifs des indemnitaires auront été fixés. »

De la combinaison de ces dispositions résulterait que les banques coloniales ne pourraient commencer leurs opérations qu'à la fin de 1852. En effet, leur capital devant se composer des prélèvements faits sur les rentes attribuées aux indemnitaires, et la délivrance des inscriptions étant ajournée au 1er octobre 1852, elles resteraient jusque-là sans moyen d'action.

Un semblable ajournement aurait, s'il était maintenu, les plus grands inconvénients pour les intérêts coloniaux.

La crise politique et commerciale de 1848, si grave déjà pour la France, ne pouvait manquer de s'étendre à ses colonies, et les conséquences devaient s'y faire d'autant plus vivement sentir, que l'émancipation des esclaves allait y changer soudainement les conditions de la production.

Tout ce qui peut contribuer à y ranimer les affaires, à y encourager la culture et le commerce, à y faciliter les échanges, a donc un caractère d'utilité et d'urgence méritant au plus haut point toute la sollicitude des grands pouvoirs métropolitains.

La loi, en intervenant de nouveau, peut seule amener la possibilité d'un prompt établissement des banques, en rendant pour cela disponible tout ou partie des inscriptions de rente qui doivent servir à constituer leur capital. Et tel est en effet le premier but du projet de loi dont l'examen a été déféré au conseil d'État.

Une prompte émission des titres de rente de l'indemnité était, du reste, aussi urgente et aussi désirable en faveur des colons qu'elle était nécessaire en ce qui concerne l'établissement des banques. Un article avait été introduit à cet effet dans le projet ; il portait que le paragraphe 2 de l'article 9 de la loi du 30 avril serait modifié ainsi qu'il suit : « Les inscriptions de rentes seront délivrées aux indemnitaires au fur et à mesure que leurs droits auront été définitivement établis. »

Cette disposition ne se rattachant pas d'une manière absolue à la question des banques, et n'étant, par le fait, qu'une mesure de finances, les ministres de la marine et des finances se sont entendus pour la retirer de la loi sur les banques coloniales, et pour la présenter directement à la sanction de l'Assemblée législative. Une lettre adressée, le 8 juillet, à M. le vice-président de la République, par M. le ministre de la marine, l'informe que l'article 4 doit être en conséquence considéré comme retiré du projet soumis aux délibérations du conseil d'État.

Depuis lors, cette disposition a été convertie en loi, et les rentes sont devenues disponibles pour toute la portion liquidée de l'indemnité.

Le fonds des banques coloniales doit se composer uniquement (du moins au moment de leur institution) de la portion des rentes retenues à cet effet sur les indemnitaires, ce prélèvement d'un huitième s'appliquant seulement à ceux auxquels il revient plus de 1,000 francs d'indemnité. De ces circonstances découlent diverses conséquences. D'abord, le capital de la banque ne sera définitivement connu que lorsque la liquidation sera terminée. En second lieu, l'entreprise, quoique commerciale par essence, n'est pas faite par des spéculateurs se réunissant pour former une société ; les indemnitaires se trouveront associés entre eux de par la loi.

Enfin, la société commençant avec l'origine même du droit des indemnitaires et avant que le droit individuel ait pu être constaté pour chacun d'eux, les intéressés ne pouvaient être préalablement réunis pour présenter des projets de statuts ; c'est au Gouvernement qu'a été donnée la mission d'arrêter à l'avance la charte de chaque banque. Une délégation formelle est contenue, à cet effet, dans l'article 7 de la loi du 30 avril.

Les statuts ont pour objet de régler la constitution de la société, de déterminer les opérations qui lui sont attribuées, en posant, quant à la forme et pour le fond, les limites que la prudence ne permet pas de franchir ; de tracer les règles qui doivent présider à l'établissement des comptes annuels ; enfin, d'organiser l'administration qui doit veiller à la gestion des intérêts communs.

Les banques doivent, dans chaque colonie, avoir le privilége d'émettre des billets payables à vue et au porteur ; de plus, les opérations qui leur sont attribuées réclament quelques dispositions légales qui sortent du droit commun : de là encore la nécessité d'une loi dont les projets de statuts régleront l'exécution. Plusieurs dispositions qui se trouvaient dans le projet primitif des statuts ont paru au conseil d'État devoir être transportées dans la loi, et y ont pris place.

Enfin, une disposition qui résultait, d'une manière implicite, de l'ensemble des projets a été regardée comme devant être l'objet d'un article spécial : c'est la disposition qui permet aux banques d'aliéner ou d'engager les titres de rentes qui leur sont attribués.

Si la loi de 1848 n'était pas modifiée en ce point, les inscriptions de rentes seraient déposées dans les caisses des banques, qui seraient autorisées à émettre des billets pour une valeur équivalente. Il résulterait de là que les billets deviendraient une monnaie de papier non remboursable, ayant cours forcé, et dont l'émission ne se proportionnerait pas aux besoins des échanges, mais égalerait le capital. Le défaut de confiance d'une part, et, d'un autre côté, l'exagération de l'émission ne tarderaient pas à amener une dépréciation, et les banques, par suite du discrédit dont elles seraient frappées, perdraient tout moyen d'agir efficacement sur la production coloniale.

Le Gouvernement a compris le danger d'un pareil système, et les rédacteurs des projets, après avoir mis dans le premier article de la loi que 320,000 francs de rentes pourraient être livrés par anticipation aux banques coloniales, avaient introduit dans l'article 6 des statuts que le fonds social se composerait du capital provenant de la réalisation ou du dépôt, contre avance à la banque de France, des inscriptions de rentes qui leur seraient délivrées.

Le Conseil a pensé devoir s'arrêter à une rédaction qui lui a paru plus claire pour l'article premier, par lequel la délivrance des rentes est autorisée; et il a, dans un paragraphe ajouté à cet article, attribué aux banques le droit de disposer librement des inscriptions pour arriver à la réalisation du capital nécessaire à leurs opérations.

L'article 3 constate l'autorisation d'émettre, exclusivement à tous autres établissements, les billets payables à vue et au porteur. Il règle les coupures qui pourront être faites et la proportion que l'émission pourra atteindre comparativement à l'encaisse métallique appartenant à la banque. Ces deux dernières dispositions ont paru avoir été omises dans le projet du Gouvernement, tandis que, d'un autre côté, on y avait inscrit, sur le caractère à donner à la circulation, une disposition qui a paru dangereuse, et sur laquelle il convient de s'expliquer immédiatement.

Ce second paragraphe de l'article 2 du projet portait que les billets devraient être reçus comme *monnaie légale*, dans l'étendue de la colonie, par les caisses publiques, ainsi que par les particuliers. Il devait s'entendre par là que nul ne pourrait refuser de recevoir des billets, en même temps que chacun conservait le droit de se présenter aussitôt à la caisse de la banque pour y recevoir le montant en espèces. Ce système, qui n'est ni le cours forcé proprement dit, ni la liberté, aurait infailliblement pour effet de frapper à l'avance de suspicion le crédit des banques, et ne remédierait en rien aux dangers que l'on redoute de l'exportation du numéraire.

L'exportation du numéraire continuera d'avoir lieu des colonies, comme par le passé, et cela dans une certaine mesure, parce qu'elle est une conséquence forcée du système commercial qui les régit. Les billets de banque seront, du reste, d'autant plus volontiers acceptés comme supplément à la monnaie, que l'émission en sera mieux maintenue dans la proportion voulue par les échanges, que les coupures adoptées seront de nature à s'adapter à tous les besoins ; enfin, que la réserve métallique sera le plus possible en rapport avec la quantité des billets en circulation. L'importance de la réserve a paru devoir être d'autant plus forte que les opérations des banques dans les colonies ne peuvent pas être limitées à ce que sont celles des autres banques en général, parce que ces établissements lointains seront forcément engagés dans des opérations d'une durée plus ou moins longue, mais excédant toujours celle qui est d'ordinaire en France.

Les banques aux colonies, par les facilités qu'elles donneront au commerce, diminueront peut-être, dans une certaine mesure, le besoin d'exporter le numéraire, mais elles ne sauraient le faire cesser. En effet, tandis que les colonies sont, par le système encore en vigueur, dans la nécessité d'envoyer la totalité des denrées qu'elles produisent sur les marchés métropolitains, elles sont autorisées à tirer de l'étranger une partie des objets nécessaires à leur consommation, notamment des bestiaux, des grains et des bois, et, ne pouvant faire pour cela un commerce d'échange, elles payent forcément en espèces.

Les espèces ainsi versées au dehors reviennent en France par le commerce avec l'étranger, et sont incessamment renvoyées aux colonies.

Le tableau officiel des douanes indique, pour une moyenne de cinq années, les importations en France des quatre colonies mentionnées dans la loi, comme ayant été en valeurs réelles de 36 millions, tandis que les exportations de France pour les mêmes colonies ne figurent que pour 19 millions, d'où résulte une balance due par la France de 17 millions.

D'un autre côté, le ministre de la marine envoie annuellement aux colonies 11 à 13 millions pour parfaire à l'insuffisance des revenus locaux, publics et pour le payement des frais d'administration.

Le mouvement d'exportation des espèces n'est pas de nature à donner d'inquiétudes sérieuses relativement aux opérations de la banque, et il n'est pas hors de propos de mentionner ici que la circulation des billets sera probablement, par la force même des choses, dans des proportions modérées relativement au capital des banques.

Par la retenue du huitième de l'indemnité, les banques seront largement dotées ; elles auront un capital de 12 millions, pour faciliter les transactions financières et commerciales d'une population de 325,000 âmes seulement, en présence d'un mouvement commercial s'élevant, pour les exportations, à 30 millions, dans lesquelles le sucre, le plus important de tous les produits coloniaux, n'entre pas pour plus de 22 à 25 millions.

D'un autre côté, les colons, qui regardent la rareté du numéraire comme un état normal chez eux, font volontiers usage d'un papier fiduciaire. Les représentants des colonies se sont trouvés d'accord sur ce point, et ont vivement insisté pour que la plus petite coupure de billet soit de cinq francs. Ils ont surtout fait valoir la considération que les banques doivent faciliter, autant que possible, le développement du travail et le payement des salaires.

Quant à la proportion de la réserve métallique nécessaire comme garantie du payement régulier des billets en circulation, il a paru nécessaire, voulant agir avec prudence, de porter cette réserve plus haut qu'on ne le fait ordinairement dans les statuts de semblables établissements.

On regarde généralement en Europe qu'une banque, dont chacune des opérations est d'une durée de quatre-vingt-dix à cent vingt jours, peut soutenir une circulation de billets montant à trois fois sa réserve en caisse : il a paru convenable de limiter pour les colonies l'émission au double seulement de l'encaisse. De plus, la rédaction adoptée porte que les fonds appartenant à la banque seront seuls considérés comme servant de réserve ; ainsi, et contrairement à ce qui se pratique en Europe, comme surcroît de précaution, on devra faire la déduction des fonds en dépôt pour apprécier la véritable réserve.

Les autres dispositions de la loi ont pour objet de donner une sanction aux opérations des banques, et de leur assurer, exceptionnellement au droit commun, certaines garanties : ces dispositions, pour être bien appréciées, doivent être rapprochées des statuts.

Un seul projet de statuts avait été préparé pour toutes les banques. Le premier article en était ainsi conçu : « Il est « établi dans les colonies de la Martinique, de la Guade- « loupe, de la Réunion et de la Guyane une banque de prêt « et d'escompte, etc. » Mais ces banques ne devant avoir aucun lien entre elles, et chacune formant une société distincte, il est plus convenable que chacune ait des statuts spéciaux, bien que ces statuts doivent être semblables en tous points les uns aux autres. C'est là une simple modification de forme sur laquelle il est inutile d'insister.

Une différence plus notable, et touchant au fond même de l'affaire, distingue encore les statuts qui font l'objet de ce rapport de celui qui avait été préparé dans les bureaux ministériels.

Le capital définitif des banques se composera de la totalité du prélèvement d'un huitième, opéré sur les rentes revenant à tout indemnitaire dont l'indemnité excédera 1,000 francs. Le chiffre total sera connu seulement lorsque la liquidation de l'indemnité sera terminée ; cependant, pour ne pas retarder le commencement des opérations de banque, dont on attend d'heureux résultats, le Gouvernement consent à délivrer en avance des inscriptions de rentes jusqu'à concurrence de 100,000 francs de rentes pour chacune des trois principales colonies, et de 20,000 francs pour la Guyane. On avait pensé, d'après cela, que les banques seraient l'objet d'une société provisoire, opérant sur ces premiers fonds, jusqu'à ce qu'une société définitive pût être constituée quand l'indemnité serait entièrement liquidée. Mais une société provisoire qui ne serait pas composée des mêmes intéressés que la société définitive nécessiterait une liquidation prochaine et complète, qui présenterait de véritables difficultés. Il est plus naturel et plus conforme à l'idée qui préside à cette fondation de considérer la société comme composée, dès à présent, de tous les indemnitaires liquidés ou à liquider, et sur lesquels a été ou sera opéré le prélèvement du huitième prévu par la loi. Bien que les actionnaires ne soient pas tous à l'avance connus, leurs droits préexistent à la fondation de la banque, ils doivent tous partager les mêmes avantages et les mêmes risques; mais les risques qu'ils peuvent courir sont en même temps limités d'avance au montant de la retenue à faire sur leur part dans l'indemnité. Rien, d'ailleurs, ne s'oppose en principe à ce que les opérations d'une compagnie commencent sans attendre que la totalité de son fonds social soit réalisée.

Tels sont les principes et les idées auxquels les articles des deux premières sections du titre Ier des statuts ont eu pour but de donner un corps.

La partie la plus délicate à examiner est évidemment celle qui détermine la nature des opérations qui seront attribuées aux banques coloniales. Pour que ces banques rendent tous les services qu'on en attend, pour qu'elles raniment le travail agricole, pour qu'elles vivifient le commerce, pour qu'elles fassent reparaître le crédit dans des lieux où il est depuis longtemps anéanti, il faut qu'elles réussissent et prospèrent. Pour cela, il est non-seulement nécessaire qu'elles soient conduites avec une extrême prudence, qu'elles soient sévèrement maintenues dans les limites de leur constitution ; mais il faut encore que les opérations qui leur sont permises ne soient pas de nature, par les risques qu'elles font courir et par la durée du temps pendant lequel elles engagent les capitaux, à compromettre leur avenir.

Les attributions ordinaires d'une banque d'escompte manqueraient d'aliment sur des points où les affaires commerciales et le mouvement des effets de commerce sont aussi peu développés que dans nos colonies ; c'est donc par des opérations différentes de celles qui sont permises aux banques en Europe qu'il faut chercher à rendre l'institution aussi utile que possible.

On ne peut, d'un autre côté, perdre de vue l'origine du capital attribué aux banques. L'indemnité représente la valeur des noirs qui, attachés aux plantations, travaillaient comme cultivateurs, et le fonds des banques est en réalité fourni par l'agriculture coloniale ; c'est en même temps le travail agricole qu'elles ont surtout pour but de relever. Les prêts hypothécaires étant dangereux comme immobilisant les capitaux, on a dû chercher à aider l'agriculture en facilitant l'écoulement de ses produits ; de là les dispositions introduites dans les statuts envoyés à l'examen du conseil d'État, pour permettre les prêts sur récolte future et frais de faisance-valoir, les prêts sur dépôts de marchandises, les prêts sur connaissements, les avances sur consignation.

Il y aurait eu toutefois danger évident à sanctionner, dans la forme d'abord présentée, de semblables mesures.

Les termes de *récoltes futures*, de *faisance-valoir*, de *frais faits pour l'introduction de travailleurs du dehors*, ont paru beaucoup trop vagues ; d'un autre côté, le privilége accordé par le Code civil pour les frais faits pour la conservation de la chose qu'il était question d'attribuer à cette nature de prêts aurait été une garantie illusoire.

Enfin, l'autorisation de recevoir des marchandises en consignation, pour les revendre sur place, ou pour les expédier en France, tendait à changer la nature même de l'établissement, en lui donnant un caractère purement commercial. Ces consignations et l'importance du capital qui pouvait leur être consacré auraient pu conduire à organiser dans les mains des directeurs des banques un véritable monopole du commerce des sucres, contre lequel les négociants de nos ports de mer n'auraient pas manqué de réclamer.

Il a paru plus convenable de se rapprocher davantage, et, autant que possible, des attributions ordinaires des banques et des comptoirs nationaux d'escompte.

Les banques coloniales devront, d'après ce système, se renfermer dans les opérations d'escompte. Les facilités accessoires ne seront données que pour accepter en supplément de garantie, soit la récolte prochaine, soit la marchandise déposée dans un magasin public, soit la marchandise voyageant et représentée par un connaissement.

Les banques escompteront toujours des engagements personnels à échéance fixe ; elles prêteront aux personnes et non aux choses. Les choses ne figureront dans l'opération que comme garanties additionnelles, par suite de leur affectation en nantissement.

Les effets, lettres de change, billets ou obligations admis à l'escompte devront être revêtus de la signature de deux personnes domiciliées dans la colonie, et notoirement solvables ; mais une des signatures pourra être suppléée par la garantie additionnelle résultant de l'un des nantissements qui viennent d'être indiqués.

Pour ce qui concerne les marchandises, il suffisait de régulariser, quant aux colonies, par la loi et par les statuts, les dispositions prises en France à cet égard, lors de la fondation des comptoirs nationaux d'escompte.

Pour les récoltes, des questions plus difficiles étaient naturellement soulevées. La récolte, tant qu'elle reste pendante, suit, à certains égards, le sort de l'immeuble, elle est soumise aux mêmes priviléges, notamment au privilége du propriétaire ; d'un autre côté, le nantissement ne peut résulter, en ce qui la concerne, comme pour le meuble proprement dit, de la tradition manuelle. Il a donc fallu, d'une part, n'admettre l'engagement de récolte, comme saisissant valablement la banque, que fait par le propriétaire ; d'un autre côté, il a fallu assurer le privilége de l'établissement par la transcription authentique de l'acte sur un registre public tenu à cet effet au bureau de l'enregistrement. La priorité de transcription constitue, sur la récolte donnée en gage, le privilége mentionné au § 2 de l'article 2102 du Code civil.

Ce système a paru devoir être d'une application facile dans des colonies dont l'étendue est restreinte, où les différents domaines sont connus quant à leur production annuelle, et où la moralité et la solvabilité des propriétaires peuvent être facilement appréciées.

De telles opérations, si elles sont conduites avec prudence, peuvent être faites sans danger par les banques. Mais une observation se reproduira ici, c'est celle du temps pendant lequel chacune des opérations attribuées aux banques engagera leurs capitaux.

Le simple escompte d'effets à plusieurs signatures et payables sur place ne retiendra les fonds que pendant 60 à 120 jours.

Des prêts sur marchandises déposées dans des magasins publics pourraient être faits pour la même durée.

Mais la réalisation d'une garantie donnée par l'engagement d'une récolte prochaine demande six mois au moins.

Celle d'une garantie résultant de la remise d'un connaissement à ordre ne pourra être moindre, vu le temps des voyages, d'aller et retour, de six à huit mois, s'il s'agit des Antilles, et d'un an, s'il s'agit de l'île de la Réunion.

Ces considérations devront être d'un grand poids dans l'esprit du conseil d'administration des banques, lorsqu'il s'agira, par les règlements intérieurs qui lui serviront ensuite de loi à cet égard, de déterminer quelle portion du capital disponible pourra être affectée à chaque nature d'opération.

Il est une autre observation sur laquelle il y aura lieu, de la part du Gouvernement, d'appeler l'attention la plus sérieuse de l'administration locale, c'est qu'il ne suffit pas d'avoir fixé la quotité relative du prêt et de l'évaluation, et que la garantie tient essentiellement aux précautions prises pour arriver à se procurer des évaluations réelles et consciencieuses.

La quatrième section du premier titre a pour but de régler le mode d'établissement des comptes annuels, la formation d'un fonds de réserve et le partage des dividendes.

Le second titre des statuts organise l'administration de la

banque, et c'est de cette organisation, si elle est bonne, que dépendra essentiellement le succès.

La population des colonies est peu nombreuse : l'influence personnelle et les influences de familles y jouent un grand rôle ; il a donc paru convenable de donner au gouvernement métropolitain, et aux autorités locales qui le représentent, une large part d'influence et d'action. Le directeur de chaque banque, ayant un droit absolu de juger en dernier ressort de chaque opération proposée, sera nommé par décret du Président de la République, rendu sur la proposition des ministres de la marine et des finances; il sera révocable sur le rapport du ministre de la marine, particulièrement responsable de l'administration des affaires coloniales, mais pourra être suspendu par le gouverneur de la colonie.

Il y aura en outre, auprès de chaque banque, un commissaire du Gouvernement chargé de suivre les opérations, de contrôler les bureaux et les caisses, et de correspondre par des rapports avec le gouverneur, et ensuite chaque mois avec le ministre directement. Ces fonctions seront analogues, quant aux attributions et à la correspondance, avec ce que sont, pour l'administration de la colonie, celles du contrôleur colonial.

Dans le projet élaboré dans les bureaux des deux ministères de la marine et des finances, on avait pensé pouvoir aller plus loin, et devoir donner la gestion de toutes les affaires à un conseil composé, outre le directeur nommé par le Gouvernement, de deux administrateurs seulement nommés par le gouverneur en conseil privé. Il est juste, cependant, de donner une plus grande part d'influence aux actionnaires, et, en conséquence, de porter à quatre le nombre des administrateurs, avec attribution à l'assemblée générale du droit de les élire.

Quant à l'assemblée générale, vu l'extrême morcellement des actions résultant de la liquidation de l'indemnité, il est naturel de la composer, comme dans l'organisation de la banque de France, des cent cinquante plus forts actionnaires.

Cette assemblée générale, chargée de l'examen et de l'approbation des comptes annuels, nomme un censeur, chargé de préparer les éléments de ses décisions, et d'exercer un contrôle incessant sur les affaires de banque.

Le censeur et le commissaire du Gouvernement assistent aux délibérations du conseil d'administration, avec voix consultative ; la présence de l'un d'eux et la signature approbative du directeur sont nécessaires pour que les délibérations de ce conseil puissent être regardées comme valables et comme pouvant être exécutées.

Les dispositions générales qui terminent les statuts sont peu nombreuses, et ont seulement pour objet de prévoir les cas de dissolution anticipée de la société, ou, si elle approchait, au contraire, de son terme, de régler le mode à suivre pour en demander la continuation.

Dans le projet primitif, la durée avait été prévue pour dix ans seulement, avec faculté pour le Gouvernement de décider seul si la société serait maintenue au delà de ce délai ; mais, comme la constitution du privilége est du domaine de la loi, il est plus prudent peut-être de prévoir de prime abord la durée pour vingt années, en admettant, en cas de perte du tiers du capital, les actionnaires à demander la dissolution anticipée, dissolution qui aurait lieu, du reste, de plein droit, si la perte venait à faire disparaître les deux tiers du capital.

Tel est l'ensemble des motifs qui portent le conseil d'État à émettre l'avis qu'il y a lieu d'adopter, dans les termes suivants, le projet de loi sur les banques coloniales et les projets de statuts qui en régleront l'exécution.

Ce rapport a été délibéré et adopté par le conseil d'État dans sa séance du 7 août 1850.

Signé à la minute :

Le Conseiller d'État, Rapporteur,
HORACE SAY.

Le Vice-Président de la République,
Président du conseil d'État,
H. BOULAY (DE LA MEURTHE).

Le Secrétaire général du conseil d'État,
PROSPER HOCHET

EXPOSÉ DES MOTIFS

DE LA LOI ORGANIQUE DU 11 JUILLET 1850.

(Séance du 29 novembre 1850.)

Messieurs,

L'article 7 de la loi du 30 avril 1849, relative à l'indemnité coloniale, veut que, sur la rente de six millions affectée au payement de cette indemnité, le huitième de la portion afférente aux principales colonies soit prélevé pour servir à l'établissement de banques de prêt et d'escompte.

L'organisation des établissements de crédit institués par cet article nécessite quelques dispositions qui rentrent dans le domaine de la loi, et que le Gouvernement vient soumettre au vote de l'Assemblée, après avoir pris l'avis du conseil d'État.

La première est relative à la constitution du capital.

Aux termes de l'article précité, c'étaient seulement les titres de rente qui devaient servir de base à l'émission des billets; d'où il suivait naturellement que ces derniers ne seraient pas remboursables à présentation. Mais une disposition de cette nature, qui dépouillait la monnaie de banque de sa première garantie et enlevait aux habitants des colonies les facilités si utiles pour le commerce de la conversion du papier en espèces, avait un caractère essentiellement exceptionnel et transitoire, et ne pouvait être inspirée que par les circonstances au milieu desquelles la loi avait été votée.

Aujourd'hui, les choses se sont considérablement modifiées. La tranquillité intérieure, qui se consolide chaque jour aux colonies, y ramène graduellement les transactions à leur assiette régulière. On peut dont placer les institutions de crédit qu'il s'agit d'y fonder sur des bases normales, c'est-à-dire les mettre dans l'obligation d'avoir un capital réel, et les ramener (malgré quelques inconvénients incontestables) à la règle du remboursement des billets à présentation.

Le Gouvernement propose d'y pourvoir en délivrant par anticipation à la liquidation définitive de l'indemnité une somme de 320,000 francs de rentes, dont le dépôt ou la réalisation serviront à constituer ce capital. Cet arrangement découle de la loi du 30 juillet dernier, qui permet la conversion immédiate en inscriptions de rente des certificats de l'indemnité. Les banques coloniales étant tout à fait assimilées aux indemnitaires quant à leur prélèvement, il est naturel de les faire participer à l'avantage que la bienveillance de l'Assemblée vient de conférer à ceux-ci.

Il serait impossible, sans doute, de dégager le chiffre de ce prélèvement dès à présent, c'est-à-dire avant que la liquidation de l'indemnité soit terminée. Aussi n'est-ce point de cela qu'il s'agit : c'est un simple à-compte que l'on se propose d'accorder. Calculé d'après les éléments généraux qui ont servi à établir l'ensemble des prévisions de l'indemnité, et dont le cours de la liquidation a déjà commencé à démontrer la justesse, cette avance a été fixée à une proportion assez réduite pour qu'on ait la certitude de laisser une marge considérable entre elle et le résultat définitif. Au fur et à mesure que ce résultat sera connu pour chacune des colonies, le complément de son inscription lui sera délivré, et son capital se trouvera complété.

Cette marche offrira même l'avantage de forcer les établissements naissants à limiter leurs opérations au début, et à ne prendre leur essor qu'après une première phase qui leur permettra de bien apprécier les conditions de leur existence.

Le montant des coupures du papier de circulation, qui se trouve déterminé pour les billets par l'article 2 du projet, constitue aussi une dérogation à nos usages habituels, et demande également quelques explications.

La dernière et la plus faible de ces coupures ne figurait pas au projet primitif du Gouvernement. C'est le conseil d'État qui, sur les observations et les éléments que lui ont soumis un certain nombre d'intéressés dans la question des banques coloniales, a cru devoir adopter cette modification. Le département de la marine, également frappé du mérite de ces observations, a cru devoir la maintenir dans le projet définitif.

Deux ordres de considérations ont surtout paru militer en faveur de la grande subdivision des coupures de billets aux [illegible] s, [illegible] vail, de gratuit qu'il était, est devenu salarié. Cette [illegible] mation nécessite, à chaque mois, à chaque semaine, des payements fractionnés que le grand nombre des bras attachés aux exploitations coloniales rend très-multipliés. D'un autre côté, l'une des conséquences du régime économique des colonies, c'est d'y maintenir une rareté presque constante de numéraire. Les colons demandent donc avec instance que les institutions de crédit qu'il s'agit de leur accorder mettent à leur disposition un instrument de circulation de valeur assez réduite pour leur permettre de faire face à leur besoin le plus considérable. Un fait pratique d'une grande portée paraît justifier leur insistance sur ce point. Au plus fort de la crise qu'ont fait naître aux colonies les événements de février, des caisses de prêts sur dépôts de denrées ont été créées aux Antilles. Celle de la Guadeloupe a surtout reçu un développement assez considérable, et a rendu de véritables services au commerce local. Or, pendant que les plus fortes coupures du papier émis par la caisse, quoique peu nombreuses, se maintenaient avec peine dans la circulation, les plus faibles, qui étaient beaucoup plus multipliées, ont toujours été recherchées avec tant de faveur, qu'elles ont été parfois l'objet d'une prime [1]. Ce papier, parfaitement accueilli par la population noire, est tout à fait entré dans ses habitudes, et il n'y a pas d'éducation à faire sur ce point.

L'autre considération est celle-ci : on ne saurait méconnaître que l'une des difficultés contre lesquelles auront à lutter les banques coloniales avec le remboursement à présentation, c'est la tendance déjà signalée qu'a le numéraire à sortir de nos colonies pour aller vers les centres voisins qui ne peuvent effectuer en marchandises le retour de leurs transactions avec elles. Cette difficulté ne paraît pas au Gouvernement aussi insurmontable qu'elle a semblé à quelques

---

[1] Les coupures de la Guadeloupe sont de 1,000, 500, 100, 50, 10 et 5 francs.

esprits. Mais, pour la vaincre, il faut le concours de plusieurs éléments au nombre desquels vient se placer la faiblesse des coupures du papier de circulation. Il est certain, en effet, qu'il en est du papier comme d'une espèce monétaire, c'est-à-dire que, plus la valeur qu'il représente est faible, moins, dans les transactions ordinaires de la vie, on éprouve la nécessité de le *changer;* en un mot, on trouvera beaucoup plus fréquemment l'occasion de faire circuler intégralement un billet de 5 francs qu'un billet de 500 francs. Cela étant, plus seront inférieures les coupures des banques coloniales, moins elles se présenteront au remboursement.

On objectera qu'en pénétrant, ainsi jusqu'aux entrailles de la circulation la plus usuelle ce papier va concourir à accélérer cette fuite de numéraire dont on se plaint aux colonies.

Ce résultat n'est pas à redouter. Il se produirait sans doute si l'on devait introduire dans chaque colonie une masse de papier exactement proportionnée aux besoins ordinaires de sa circulation, et surtout si le papier n'était pas remboursable à volonté. Mais il ne s'agit point de cela; il s'agit seulement de venir en aide à cette circulation et d'en combler le déficit. Contenu par le remboursement facultatif, le petit papier ne viendra pas se substituer à ce qui existe d'espèces; il viendra se poser en quelque sorte parallèlement à elles, et occuper la place qu'elles ne peuvent suffire à remplir.

Il est à remarquer, de plus, que les espèces formant la circulation des colonies sont, en fait de monnaie étrangère, les quadruples espagnols et leurs fractions, et, en fait de monnaie française, les fractions de la pièce de 5 francs. Or, ces espèces restent dans la circulation, parce qu'on n'a pas intérêt à les exporter : les premières, à cause d'un certain surhaussement que les besoins locaux leur ont fait attribuer, et qu'elles ne trouveraient pas ailleurs ; les autres, parce que leur fractionnement en ferait un véritable embarras dans les règlements de quelque importance.

Ainsi, des besoins particuliers à la société coloniale y rendent les petites coupures nécessaires ; et des conditions économiques également exceptionnelles atténuent l'inconvénient qui, dans une situation normale, pourrait résulter de ce fractionnement.

Enfin, il faut dire que les appréhensions à cet égard doivent achever de se calmer en présence de la disposition finale qui suit immédiatement celle relative aux coupures : disposition par laquelle on propose de borner l'émission du papier au *double* de l'encaisse métallique.

Une autre disposition de cet article a besoin d'être expliquée avec quelque développement. C'est celle relative au cours légal.

En 1848, les billets de la Banque de France ont été déclarés monnaie légale. Cette mesure, prise sous la pression des événements, n'a apporté, il faut le reconnaître, aucun trouble dans la circulation du pays. Elle n'a eu d'autre résultat que d'étendre et de vulgariser l'emploi d'une monnaie plus commode, et de fournir aux transactions de vente et de détail d'incontestables facilités.

A côté du cours légal, se trouvait une autre mesure qui eût pu avoir des conséquences beaucoup plus graves, c'est la suspension des remboursements en espèces. Heureusement que cette suspension, maintenue dans la législation pendant plus de deux années, a été supprimée en fait par la Banque dès l'année 1848. On peut dire que le régime appliqué depuis 1848 jusqu'à la loi du 6 août 1850 repose en réalité sur le *cours obligatoire accompagné du remboursement à volonté.*

Ce régime est, au surplus, celui qui est établi depuis nombre d'années dans un pays qui nous a toujours devancé pour tout ce qui touche aux banques ainsi qu'au développement du crédit. Le système monétaire de l'Angleterre, à partir de 1833, est fondé sur le double principe du cours légal des billets de la Banque et du remboursement à vue.

C'est ce régime, qui, sans le moindre inconvénient, a traversé en France les circonstances les plus difficiles, et a été éprouvé par une pratique de dix-sept ans en Angleterre, que nous proposons d'appliquer aux colonies, où des considérations toutes spéciales en font sentir la nécessité.

Les conditions actuelles du travail ont développé dans les colonies des besoins de numéraire qui rendent indispensable la création d'une monnaie. Cette monnaie, c'est le billet de banque appuyé sur le remboursement à vue qui prévient à la fois toute émission exagérée et toute dépréciation. Pour que les colonies jouissent immédiatement des avantages qu'elles ont le droit d'attendre de cette monnaie, il faut qu'elle circule librement et soit admise dans toutes les transactions. Il convient donc de déjouer les manœuvres qui pourraient entraver l'essor des billets. Les banques, ayant pour objet principal de ramener l'intérêt de l'argent à un taux raisonnable, ne manqueront pas de soulever l'antagonisme des capitalistes, qui profitent de la situation actuelle et qui, à cause de leur petit nombre et de la nature restreinte des localités, seraient en mesure de se coaliser pour refuser de recevoir le papier émis. Leur refus persévérant à cet égard, refus qui ne serait que malveillant, pourrait avoir une influence fâcheuse sur des populations peu familiarisées avec les institutions de crédit, et jeter, pendant les premières années, de l'hésitation dans les esprits. Le cours légal aura pour effet de prévenir ces résistances intéressées, et d'assurer aux banques, dès l'origine, le plein développement de leur circulation.

D'un autre côté, le trésor colonial est la principale source de la circulation aux colonies. Que le trésor refuse le papier de la banque, et personne n'en voudra ; que le trésor l'accepte, au contraire, et bien des hésitations se dissiperont. Or, sans le cours légal, le trésor n'acceptera pas le papier de la banque : il ne l'acceptera pas, car l'accepter sans pouvoir obliger ses créanciers à le recevoir, ce serait exposer son service à une paralysie complète et immédiate.

Telles sont les considérations toutes spéciales qui ont déterminé le Gouvernement à introduire au projet de loi la clause du cours légal qu'en avait écartée le conseil d'État.

L'article 3, qui interdit toute opposition sur les fonds déposés en compte courant, est en quelque sorte de droit commun dans la constitution des établissements de crédit. Cette disposition se justifie suffisamment d'elle-même.

L'article 4 rend applicables aux colonies les mesures édictées par le décret du 4 mars 1848, relatif à la formation des comptoirs nationaux, et dont la pratique chez une nation voisine avait dès longtemps démontré le mérite. Cette application de la loi métropolitaine était nécessaire dans l'ordre des opérations que la nature des affaires aux colonies permettra d'ouvrir à leurs banques. Le récépissé ou *warrant* doit y suppléer, autant que possible, les signatures d'endos.

L'article 5, relatif au droit fixe d'enregistrement, découle de la même pensée.

L'article 6 renferme l'une des dispositions les plus importantes du projet. Il s'agit du moyen de réaliser le prêt à faire aux planteurs sur la garantie de leurs récoltes.

Cette opération, il ne faut pas hésiter à le dire, est en quelque sorte toute la banque coloniale. Si elle ne se réalise pas, cette institution ne sera pas seulement une dangereuse superfluité; l'opinion dira encore aux colonies qu'elle est une iniquité :

Une dangereuse superfluité, parce que le commerce colonial est et doit être un commerce d'échanges, lequel ne comporte pas une grande multiplication des instruments de circulation;

Une iniquité : l'intérêt du producteur colon, pour des causes qu'il serait trop long de déduire ici, est trop souvent en antagonisme avec celui du commerçant.

Or il ne faut pas perdre de vue que c'est le *capital du planteur*, et non celui du commerce, qui doit servir à former le capital de la banque coloniale. Escompter la signature du commerçant et ne pas escompter celle du planteur, ou n'escompter cette dernière qu'en la forçant de recourir à l'adjonction onéreuse de la première, ce serait créer une situation qui manquerait d'équité : ce serait aller contre l'esprit de la loi, qui, en posant le principe de la fondation des banques coloniales, a entendu surtout venir en aide au planteur dont les conditions de production se trouvaient profondément troublées, par suite de l'abolition de l'esclavage. Ce qu'on a voulu, en un mot, c'est mettre le producteur colon à même de faire face aux dépenses tout à fait nouvelles que le travail libre entraîne pour son exploitation.

Maintenant, cette opération, dont la nécessité et la convenance paraissent évidentes, est-elle praticable? En d'autres termes, comment s'exercera la garantie réservée à la banque? quel sera son droit quant à l'appropriation du gage?....

Le mécanisme de l'opération est clairement indiqué dans la rédaction de l'article. A partir de la promulgation de la loi, tous ceux qui contracteront avec un planteur pour l'achat ou l'engagement de sa récolte sur pied, devront faire transcrire leur acte sur une registre spécial tenu à cet effet. Les banques seront elles-mêmes soumises à la même obligation. Il résultera de cette formalité que les tiers ne pourront contracter à leur préjudice, ni les banques au préjudice des tiers. L'acte d'engagement assimilera la récolte qui en fera l'objet au *gage dont le créancier est saisi*, et le droit en résultant pour la banque sera celui qui naît du n° 2 de l'article 2102 du Code civil, auquel se réfère la disposition proposée.

Sans doute cette prévision ne crée pas en faveur de l'établissement un droit privilégié dominant tous les autres. Mais, à côté de la question *d'exécution* du débiteur, ou plutôt avant cette question, il y a pour les administrateurs de la banque l'appréciation de la moralité, de l'intelligence et des ressources générales de l'emprunteur. Cette appréciation, si difficile dans nos grands centres d'industrie européenne, s'exerce sans peine dans des pays où les familles se succèdent presque sans interruption sur les mêmes héritages, et où le personnel commerçant est loin d'être en rapport avec le mouvement d'affaires qu'il accomplit. Sans doute, cette prudence et cette mesure restreindront l'action favorable que l'on voudrait voir exercer par les banques; mais toute chose obéit aux lois de sa conservation, et prétendre ranimer, en quelque sorte galvaniquement, la société coloniale à l'aide de ces établissements qui ne sont appelés à se développer que progressivement, ce serait évidemment les vouer à une ruine certaine. Tout planteur n'aura pas droit au crédit, pas plus que tout négociant ; et il est, dans chaque colonie, des exploitations qui sont destinées à succomber, comme il est des maisons de commerce qui sont destinées à fermer devant le refus de concours de la banque.

Ainsi, l'appréciation de la solvabilité individuelle est beaucoup plus facile aux colonies que dans la métropole : voici un premier point important.

Il est une autre différence que fait ressortir d'une manière encore plus sensible cette spécialité des colonies qu'on ne doit pas perdre un moment de vue dans l'étude de cette matière : la denrée coloniale, garantie offerte au crédit, est essentiellement marchandise d'exportation; et, tandis qu'en France les fruits de la récolte peuvent se dérober par mille portes à l'exercice d'une garantie semblable, aux colonies elle vient en quelque sorte se placer naturellement sous la main, en se réunissant au port d'embarquement. Son énorme encombrement ajoute encore à ce caractère particulier qu'elle offre comme gage.

Quant à la question du risque qui peut s'attacher à cette nature d'opération par suite des sinistres et des mécomptes auxquels est exposée une récolte, elle est tout entière dans la *proportionnalité* à établir, c'est-à-dire dans la marge de garantie que se réservera l'établissement après évaluation de la récolte offerte en nantissement. Il sera déclaré statutairement que cette marge sera de la *moitié* de cette estimation. Or, on n'a pas d'exemple qu'une récolte coloniale ait inopinément subi une pareille réduction.

Une autre objection peut être tirée de la durée de l'opération qui doit être nécessairement plus longue que celle des escomptes, et qui tend ainsi à immobiliser, au moins relativement, le fonds de roulement de la banque. Mais ce sera là encore une question de mesure et d'appréciation. L'administration de chaque établissement commencera par déterminer quelle quotité de son capital sera affectée aux prêts sur récolte; et, cette fixation adoptée, elle se maintiendra rigoureusement dans son cercle. Il serait impossible d'établir dès ce moment cette proportion : ce ne sera que sur les lieux, et après qu'on se sera bien rendu compte de la nature des affaires qui se présenteront, qu'on en aura les éléments. Ce point important devra être soumis à l'approbation du gouverneur en conseil privé.

L'article 8 constitue l'un des rouages les plus importants du mécanisme des banques coloniales. Les principales affaires de ces établissements devant aboutir en Europe, puisque la métropole est le centre obligé des transactions de nos colonies, il était indispensable qu'ils eussent des correspondants en France. Au lieu de les laisser se mettre en rapport avec des agents commerciaux ordinaires, choisis au gré de leur administration, il a paru qu'il serait plus convenable de centraliser ces rapports aux mains d'une agence spéciale, qui serait placée sous la surveillance de l'autorité supérieure et fonctionnerait sous l'empire des règles que déterminerait le conseil d'État.

Là sera la plus sérieuse garantie de bonne administration, parce qu'au moyen de cette organisation qu'il aura sous la main, le Gouvernement sera à même de connaître la marche de chacun des établissements, et pourra le rappeler à temps à l'observation de ses statuts lorsqu'il s'en écartera.

La pensée de cette mesure a été surtout inspirée au Conseil d'État par l'issue malheureuse qu'ont eue des institutions de crédit fondées à l'île de la Réunion et à la Guadeloupe dans les dernières années de la Restauration. Il a été reconnu que ces établissements, qui s'étaient créés avec d'excellents éléments, se sont perdus parce qu'ils s'étaient écartés de leurs statuts sans que le Gouvernement ait pu être averti à temps pour les y ramener.

Tel est, Messieurs, l'esprit des principales dispositions que le Gouvernement vous demande d'adopter pour le mettre en mesure d'introduire aux colonies des institutions dont elles ont un si grand besoin, et qui sont vivement réclamées par la majeure partie de leurs habitants. Il nous reste à vous prier d'avoir égard à cette situation, et de prendre en considération le vœu d'urgence émis par le Conseil d'État et le Gouvernement.

PROJET DE LOI.

AU NOM DU PEUPLE FRANÇAIS.

LE PRÉSIDENT DE LA RÉPUBLIQUE,

DÉCRÈTE :

Le projet de loi dont la teneur suit sera présenté à l'Assemblée nationale législative par le ministre de la marine et des colonies, et par le ministre des finances, qui sont chargés d'en exposer les motifs et d'en soutenir la discussion.

ARTICLE PREMIER.

Le ministre des finances est autorisé à émettre 320,000 fr. de rentes 5 p. % sur les 6 millions de 5 p. % alloués, à titre d'indemnité, par la loi du 30 avril 1849, aux colons dépossédés en exécution des décrets du Gouvernement provisoire des 4 mars et 27 avril 1848.

Ces 320,000 francs de rentes pourront être délivrés par anticipation et à valoir sur la portion de l'indemnité à elles attribuée, aux banques de prêt et d'escompte qui doivent être établies dans les colonies, en exécution de l'article 7 de la loi du 30 avril 1849.

La répartition aura lieu ainsi qu'il suit :

A la banque de la Martinique	....	100,000 fr.
— de la Guadeloupe	....	100,000
— de la Réunion	....	100,000
— de la Guyane	....	20,000

Par dérogation à l'article 7 de la loi du 30 avril 1819, les banques coloniales pourront aliéner ou engager les rentes qui leur seront délivrées.

ART. 2.

Chacune de ces banques est autorisée, à l'exclusion de tous autres établissements, à émettre, dans chacune des colonies où elle est instituée, des billets de 500, de 100, de 20 et de 5 francs.

Ces billets seront remboursables à vue au siége des établissements des banques.

Ils seront reçus comme monnaie légale dans l'étendue de chaque colonie, par les caisses publiques, ainsi que par les particuliers. Leur quotité en circulation ne pourra jamais excéder le double de l'encaisse métallique appartenant à la banque.

ART. 3.

Aucune opposition n'est admise sur les fonds déposés en compte courant aux banques coloniales.

ART. 4.

Les entrepôts de douane et tous autres magasins qui viendraient à être désignés à cet effet par le gouverneur, en conseil privé, seront considérés comme magasins publics où pourront être déposées les marchandises affectées à des nantissements. La marchandise sera représentée par un récépissé à ordre, qui pourra être transporté par voie d'endossement.

ART. 5.

Il sera tenu, dans chaque bureau de perception des droits d'enregistrement, un registre public pour la transcription des actes d'engagement ou d'aliénation des récoltes pendantes, dans la circonscription du bureau.

Les banques, pour les actes qu'elles auront fait transcrire, seront considérées comme saisies de la récolte engagée, conformément au n° 2 de l'article 2102 du Code civil, et elles exerceront en conséquence leurs droits et actions sur ce gage, nonobstant tout acte d'engagement ou d'aliénation dont la transcription n'aurait pas précédé celle de l'engagement constitué à leur profit.

Le receveur de l'enregistrement sera tenu de délivrer, à tous ceux qui le requerront, copie ou extrait des actes transcrits audit registre.

ART. 6.

Tous actes qui ont pour objet de constituer les nantissements par voie d'engagement, de transport ou autrement, au profit des banques coloniales, et d'établir leurs droits comme créanciers, sont enregistrés au droit fixe de deux francs.

ART. 7.

A défaut de remboursement à l'échéance des sommes prêtées, les banques sont autorisées, huitaine après une simple mise en demeure, à faire vendre aux enchères publiques, nonobstant toute opposition, soit les marchandises, matières d'or ou d'argent, données en nantissement, soit les récoltes à elles engagées, sans préjudice des autres poursuites qui pourront être exercées contre les débiteurs, jusqu'à entier remboursement des sommes prêtées, en capital, intérêts et frais.

ART. 8.

Une agence centrale des banques coloniales pourra être établie à Paris, par décret du Président de la République, rendu dans la forme des règlements d'administration publique.

Cette agence sera placée sous la surveillance du ministre de la marine.

ART. 9.

Les banques ne peuvent établir aucune succursale ou agence qu'en vertu d'un décret du Président de la République rendu dans la forme des règlements d'administration publique.

Fait à Paris, à l'Élysée National, le 29 novembre 1850.

Signé L.-N. BONAPARTE.

RAPPORT

DE M. CHÉGARAY

AU NOM DE LA COMMISSION PARLEMENTAIRE [1]

CHARGÉE DE L'EXAMEN DU PROJET.

(Séance du 5 avril 1851.)

Messieurs,

La loi du 30 avril 1849, relative à l'indemnité coloniale, dispose, par son article 7, que le huitième des rentes 5 p. % affectées à cette indemnité sera prélevé pour servir à l'établissement d'une banque de prêt et d'escompte dans chacune des colonies de la Martinique, de la Guadeloupe et de la Réunion [2]. Le projet de loi que vous nous

---

[1] Cette commission était composée de MM. Lafayette (Oscar), de Greslan, Germonière, Chégaray, Perrinon, Barbaroux, Versigny, de la Devansaye, Betting de Lancastel, Bissette, de Neuville, Collas, Toupet des Vignes, Fournier, Pécoul. (Voir la discussion au *Moniteur* des 25 avril, 26 et 11 juillet 1851.)

[2] *Article 7 de la loi.* — « Sur la rente de six millions, le huitième de « la portion afférente à la Martinique, à la Guadeloupe, à la Réunion (et

avez chargé d'examiner a pour objet la réalisation de cet engagement législatif. Usant d'une faculté réservée par la même loi, le Gouvernement propose, en outre, de créer une banque dans la colonie de la Guyane. Le projet dispose que, provisoirement, la dotation des banques à établir dans nos trois principales colonies sera de 100,000 francs de rentes pour chacune. 20,000 francs de rentes seraient, au même titre provisoire, affectés à la banque de la Guyane; les rentes affectées à la formation du capital des banques pourraient être aliénées ou engagées. Ces établissements recevraient le privilége exclusif d'émettre des billets au porteur, qui pourraient être de 500, de 100, de 20 et de 5 francs. Ces billets, toujours remboursables à vue, n'auraient, par conséquent, point cours forcé; ils seraient seulement reçus, comme monnaie légale, par les caisses publiques et les particuliers. En outre du privilége de l'émission des billets, les banques coloniales seraient autorisées,

---

« facultativement quant aux autres colonies), sera prélevé pour servir à « l'établissement d'une banque de prêt et d'escompte dans chacune de ces « possessions; et les titres de rente ainsi prélevés seront déposés dans les « caisses des banques comme gages et garanties des billets qu'elles sont « autorisées à émettre.

« Seront exemps du prélèvement ci-dessus stipulé, les colons dont l'in« demnité totale ne devra pas excéder mille francs.

« Tout colon indemnitaire recevra des actions de la banque de prêt et « d'escompte de la colonie jusqu'à concurrence de la retenue qu'aura subie « sa part dans l'indemnité.

« L'organisation des banques de prêt et d'escompte sera déterminée par « des règlements d'administration publique.

« Le Gouvernement pourra appliquer les présentes dispositions dans les « autres colonies. »

aux termes des statuts délibérés par le Conseil d'État, mais non annexés au projet de loi du Gouvernement :

1° A escompter des lettres de change et autres effets revêtus de deux signatures au moins;

2° A escompter des engagements négociables ou non négociables, garantis par des transferts de rentes, des dépôts de lingots ou de monnaies, *des récépissés de marchandises, ou des engagements de récoltes;*

3° A se charger, pour compte de tiers, de l'encaissement de tous effets à payer, mandats et assignations;

4° A recevoir des dépôts volontaires de lingots, monnaies, et matières d'or ou d'argent.

Pour servir de sanction à la faculté du prêt sur récoltes, le projet propose de modifier, en faveur des banques coloniales, l'article 2102, n° 2, du Code civil, de manière à leur assurer, moyennant certaines formalités, le privilége du créancier gagiste sur les récoltes affectées à la sûreté de ces prêts spéciaux. Le projet de loi se tait sur le mode d'administration des banques; mais il y est pourvu par les statuts déjà mentionnés. Ces statuts confient la gestion à des directeurs nommés par le Président de la République et à des administrateurs élus par les actionnaires propriétaires du fonds social. Toujours aux termes des statuts, les actes du directeur et du conseil d'administration seraient contrôlés par un censeur, qu'éliraient les actionnaires, et par un commissaire du Gouvernement, salarié et à la nomination du ministre de la marine. Il pourrait enfin être établi à Paris une *agence centrale des banques coloniales*, qui serait leur mandataire officiel et obligatoire, et qui, conformément aux règles à tracer par un règlement d'administration publique, serait chargée de toutes leurs affaires en Europe.

à l'exclusion de tous agents commerciaux librement choisis par leurs administrations.

Tel est, Messieurs, dans une rapide analyse, l'ensemble du système soumis à vos délibérations. Ainsi que vous l'avez déjà remarqué, le projet de loi proprement dit ne constitue qu'une partie de ce système. Plusieurs des questions les plus graves qu'il soulève sont résolues par les statuts délibérés en conseil d'État, mais que le Gouvernement a cru pouvoir se dispenser de vous soumettre. Votre Commission ne méconnaît pas que cette marche était, jusqu'à un certain point, autorisée par une des dispositions de la loi du 7 avril 1849, aux termes de laquelle l'organisation des banques coloniales peut être déterminée par un règlement d'administration publique. Il lui a paru néanmoins que les attributions des banques, le mode de leur organisation, le mode d'exercice de la surveillance du Gouvernement, et d'autres points non moins graves traités par les statuts, sont comme les conditions du privilége qu'on vous propose de concéder. Nous avons donc pensé que les statuts devaient être soumis à vos votes, comme la loi, dont ils ne sont, à vrai dire, que le corollaire et l'annexe, et qui ne peut même être bien comprise sans eux. Nous avons, en conséquence, placé en tête du projet amendé un article qui implique la nécessité du vote législatif des statuts, et nous avons, d'ailleurs, soumis ces statuts, comme le projet lui-même, à un examen d'où sont résultées, comme vous le verrez plus tard, d'assez nombreuses modifications.

Aucune voix ne s'est élevée dans le sein de votre Commission pour contester l'utilité, la nécessité même d'établir dans nos colonies des banques de circulation en même temps que de prêt et d'escompte. A toutes les époques, en effet, et sous tous les régimes, ces possessions ont souffert de l'insuffisance des capitaux, de la rareté du numéraire, de l'élévation du taux de l'intérêt. La crise politique et sociale qu'elles traversent aujourd'hui n'a pu qu'accroître l'intensité de ce mal de tous les temps. Sans doute, les banques ne pourront à elles seules suffire à guérir un mal si grave et si invétéré; mais elles pourront, sans aucun doute, concourir à l'atténuer pourvu qu'elles soient fortement organisées et prudemment gouvernées. La question fondamentale et de principe, déjà décidée par la loi du 30 avril 1849, a donc été de nouveau affirmativement résolue par un vote unanime de votre Commission.

Mais quelques-uns de ses membres ont soutenu que l'indemnité accordée aux colons, par suite de la suppression de l'esclavage, constituant une propriété, il n'était pas permis, même à la loi, d'en disposer sans le consentement des propriétaires. Ils ont, en conséquence, demandé le rejet de l'article 1er, qui affecte une portion de l'indemnité à la formation du capital des banques, sauf à former ce capital au moyen d'un appel fait à des souscriptions volontaires, soutenues par un modique prélèvement qu'ils ne pensaient pas pouvoir excéder 3 p. % de l'indemnité.

Votre Commission, à une très-grande majorité, a repoussé ce système. Cherchant à écarter toute controverse irritante et oiseuse sur le caractère propre à l'indemnité coloniale, ses motifs ont été :

1° Que l'affectation d'une partie de cette indemnité à la création d'établissements de crédit dans les colonies, avait été, dans la pensée de la Constituante, comme une des conditions du vote de l'indemnité elle-même, et que l'on pouvait considérer la question comme tranchée par la loi du 30 avril 1840;

2° Qu'on ne peut raisonnablement prétendre que cette condition sans laquelle l'indemnité n'eût certainement pas été votée ait excédé le droit du législateur; elle n'a jamais imaginé, en effet, que la propriété à laquelle l'indemnité a été substituée, fût de telle nature qu'il y eût possibilité de n'en dépouiller les colons qu'en observant les procédés propres à l'expropriation ordinaire pour cause d'utilité publique; personne n'a nié que ce grand acte de l'émancipation ne pût et ne dût s'opérer législativement, aux conditions spéciales déterminées par le législateur. Or, si la loi a pu fixer, en quelque sorte, à forfait, le montant de l'indemnité; si elle a pu décider qu'elle serait payée, non en argent, mais en rentes, pourquoi n'aurait-elle pu décider en même temps qu'une portion de ces rentes serait transformée en actions des banques coloniales, c'est-à-dire en un droit à la copropriété d'établissements destinés à améliorer la condition, non de telle ou telle classe de la société coloniale, mais de toutes les classes de cette société? Ici, le droit des colons indemnitaires n'est nullement méconnu; car on leur donne, sous une forme ou sous une autre, la totalité de l'indemnité qui leur a été promise. Ils pourront disposer de ce qui leur sera délivré en actions comme de ce qui leur sera délivré en rentes. Il est possible, sans doute, que, dans les premiers temps surtout, ces actions soient un peu dépréciées; mais les rentes sur l'État ne sont pas exemptes elles-mêmes de cette chance de dépréciation, et il est permis d'espérer que ceux des indemnitaires qui consentiront à rester intéressés aux banques trouveront un juste dédommagement et comme un supplément d'indemnité dans les bénéfices à venir de ces établissements. Ce qui paraît certain, c'est que, grâce à leur formation, les colons honorables et solvables retrouveront, sous forme de crédit, beaucoup au delà de ce qu'ils pourront perdre par la réduction du chiffre des rentes allouées à chacun d'eux;

3° Votre Commission a considéré enfin qu'il serait plus que probablement impossible d'établir dans les colonies les banques sérieusement et solidement constituées que tout le monde y réclame, s'il fallait attendre des souscriptions volontaires la totalité du capital indispensable pour leur institution. Le moment de la délivrance de l'indemnité offre donc, à cet égard, une ressource et une facilité uniques, et qui ne se reproduiraient probablement jamais, si on avait l'imprudence de les laisser échapper.

Votre Commission n'a pas méconnu, du reste, tout ce qu'il y aurait d'équitable et d'avantageux à faire concourir, si c'est possible, des capitaux librement souscrits à la constitution des banques coloniales. Ce serait, en effet, alléger d'autant le sacrifice exigé des indemnitaires; ce serait, de plus, introduire dans la constitution de ces établissements un élément désirable et précieux de bonne et sévère gestion. Mais elle a cru que, dans l'état général des affaires et du crédit, on ne pouvait espérer le concours des souscripteurs libres que dans une mesure très-restreinte. Elle vous indiquera tout à l'heure dans quelle proportion et sous quelles réserves elle entend qu'un appel leur soit adressé.

Une fois ces questions de principe résolues, votre Commission a eu à déterminer l'importance du capital des banques. Il importe de préciser d'abord à quelle somme se monte le huitième de l'indemnité pour les diverses colonies auxquelles se rapporte le projet.

Ce huitième est :

Pour la Réunion......	256,300 fr.	» c.	de rentes.
Pour la Guadeloupe....	243,395	»	
Pour la Martinique.....	185,735	72	
Pour la Guyane.......	46,571	»	

Chiffres qui doivent être réduits d'environ un dixième, parce que le prélèvement ne s'applique pas aux indemnités inférieures à 1,000 francs de capital.

Le projet de loi propose de n'affecter, quant à présent, que 100,000 francs de rentes à chacune des banques de la Réunion, de la Guadeloupe et de la Martinique, et seulement 20,000 francs de rentes à la banque de la Guyane.

Cette fixation n'a pas semblé suffisante à votre Commission. Il lui a paru, en effet, nécessaire de constituer les banques coloniales sur des bases aussi solides et aussi larges que les circonstances puissent le comporter. Il est sans doute difficile de déterminer à l'avance, d'une manière sérieuse, quelle sera l'importance probable de leurs opérations; mais on sait qu'après 1848 la production du sucre de nos trois principales colonies s'est élevée jusqu'à cent millions de kilogrammes; elle est descendue, il est vrai, à la moitié de ce chiffre, dans les années qui ont immédiatement suivi la révolution de février et l'émancipation; mais il est permis d'espérer que deux années de tranquillité pourront suffire pour la reporter à 60,000,000 de kilogrammes. Les conditions plus favorables et plus équitables faites aux colonies par la nouvelle législation sur les sucres, qui s'élabore en ce moment, le maintien et le progrès du calme matériel et de la tranquillité des esprits, l'introduction même des banques et les facilités qui en résulteront pour le travail et pour le crédit, sont autant de circonstances qui permettent d'espérer que le mouvement de reprise se soutiendra, et que, dans un avenir assez prochain, nos colonies pourront revenir, sinon au chiffre maximum de 100,000,000 de kilogrammes, au moins au chiffre de 80,000,000, qui fut le chiffre moyen des treize années antérieures à la révolution.

D'après cette donnée, et en considérant surtout que le sucre est la principale, mais n'est pas la seule production de l'agriculture coloniale, on peut estimer la valeur de ses produits à au moins. .... 50,000,000 fr.

D'un autre côté, le montant des exportations de France aux colonies s'est souvent élevé à 40,000,000. On le supposera de........................ ...	35,000,000
On ne peut évaluer le mouvement des transactions internationales à moins de.	15,000,000
Total.......	100,000,000 fr.

Il est permis de supposer que les banques auront à suffire aux trois cinquièmes au moins de ce mouvement d'affaires. Chacune d'elles (en mettant à part celle de la Guyane, dont le mouvement sera comparativement de peu d'importance) pourra donc avoir à faire face à une masse d'opérations de 20 millions, ou à peu près, chaque année. Il nous a paru qu'avec une telle perspective, la prudence commandait de ne pas fixer leur capital au-dessous de 3 millions de francs. Ce capital, accru par une double émission de billets, présentera une ressource disponible de 6 millions.

Avec cette ressource, une banque d'Europe pourrait faire, sans doute, une masse d'affaires plus considérable que celle dont il vient d'être parlé; mais il ne faut pas oublier que les banques coloniales seront obligées de faire des crédits beaucoup plus longs que ne les consentent les établissements analogues dans la métropole. Au lieu donc de rentrer six ou huit fois par an, comme le capital émis par la Banque de France, qui prête à quarante-cinq jours en moyenne, le capital émis par une banque coloniale, tenue par la force des choses d'escompter à beaucoup plus longs jours, ne rentrera que trois, ou tout au plus quatre fois par an. Un capital primitif et effectif de 3 millions n'aura donc, tout l'annonce, rien d'exagéré.

Indépendamment de ce qui vient d'être exposé, deux considérations ont décidé votre Commission à s'arrêter à cette fixation :

La première, c'est que, de tous les intérêts engagés dans la question, celui des indemnitaires est le seul qui, dans le but d'élever le chiffre actuellement disponible de l'indemnité, réclame dans le sens de la restriction du capital des banques. Or, il est manifeste que, si le capital de 3 millions est nécessaire, cette réclamation est contraire à l'intérêt général. Que s'il arrivait, au contraire, que ce capital se trouvât supérieur aux besoins, les banques en seraient quittes pour ne pas aliéner la totalité de leurs rentes. Les actions représenteraient, à vrai dire, en ce cas, des rentes à concurrence d'une partie de leur valeur, et la situation des indemnitaires ne recevrait aucune fâcheuse altération, puisqu'ils pourraient vendre, sous forme d'actions, une quotité de rentes égale à celle qu'il pourrait être légitimement possible de leur délivrer aujourd'hui.

La seconde considération, c'est qu'il est maintenant facile de porter le capital au taux, comparativement élevé, que nous proposons de lui assigner, et qu'il sera toujours temps de le restreindre si l'expérience démontre qu'il est en partie superflu; il serait, au contraire, on ne peut plus difficile et probablement impossible de l'accroître, si la première fixation avait été trop faible, et que son insuffisance vînt à être démontrée par les faits.

Le projet de loi ne demande que 20,000 francs de rentes pour le capital de la banque de la Guyane. Quelque peu élevée qu'on veuille supposer la masse des transactions auxquelles cette banque devra faire face, votre Commission a pensé qu'une telle fixation serait nécessairement insuffisante. Il est clair, en effet, que les frais généraux, à quelque chiffre modeste qu'on les calcule, devraient absorber à eux seuls la presque totalité des profits ou revenus d'un capital si modique. Votre Commission vous propose, en conséquence, de fixer à 700,000 francs, soit 35,000 francs de rentes, le capital de la banque de la Guyane.

Tels sont les motifs qui ont déterminé votre Commission à amender l'article 1er du projet, en ce sens que le capital de chacune des banques de la Réunion, de la Guadeloupe et de la Martinique sera de 3,000,000 de francs, soit 150,000 francs de rentes, et celui de la banque de la Guyane, de 700,000 francs, soit 35,000 francs de rentes.

Pour ce qui est de la formation du capital, nous n'hésitons pas à penser qu'il convient, ainsi que le propose le Gouvernement, de mettre d'ores et déjà une inscription de 100,000 francs de rentes à la disposition de chacune des banques de la Réunion, de la Guadeloupe et de la Martinique. Nous élevons à 25,000 francs de rentes, au lieu de

20,000, le premier fonds indispensable à la banque de la Guyane. Et, quant au surplus du capital déterminé ci-dessus, nous proposons de faire appel à des souscriptions libres, qui, pendant un délai d'une année, seraient reçues jusqu'à concurrence de la somme nécessaire pour compléter le capital de chacune des banques. Il est entendu qu'afin de maintenir l'égalité entre les diverses classes d'actionnaires, les souscriptions pourront, au gré des souscripteurs, se faire en numéraire ou en rentes 5 p. % au pair.

Il est facile d'apprécier les avantages de cette combinaison; ils consisteraient principalement : 1° à diminuer l'importance du prélèvement à opérer sur l'indemnité, sans que la consistance du capital des banques eût à souffrir de cette amélioration immédiate du sort des indemnitaires; 2° à introduire dans l'organisation première des banques une classe d'actionnaires capitalistes, vraisemblablement plus intéressés et plus aptes à les bien gérer que ne le pourraient être des actionnaires indemnitaires, trop disposés peut-être à pousser aux facilités d'un crédit auquel ils seront contraints d'avoir recours, et trop peu préoccupés des sévérités et des résistances indispensables pour la bonne gestion et la longue durée d'un établissement escompteur.

Mais quelque grands et incontestables avantages que pût présenter cette accession de souscripteurs libres, il serait imprudent de se faire illusion sur les chances de succès de l'appel qui leur est adressé. Quoi qu'il arrive, le capital reconnu nécessaire aux banques doit être prochainement réalisé. C'est pourquoi le projet que nous vous soumettons dispose (article 3) que, si, au bout d'un délai d'un an, le capital des banques ou de l'une d'elles n'est pas complété par les souscripteurs volontaires, il le sera au moyen d'un deuxième prélèvement sur le huitième réservé de l'indemnité, sans que ce prélèvement total puisse excéder 150,000 francs de rentes pour les colonies de la Martinique, de la Guadeloupe et de la Réunion, et 35,000 francs de rentes pour celle de la Guyane.

La disposition finale de l'article 3 de notre projet, en ce point conforme à l'article 1er du Gouvernement, porte que les banques coloniales pourront engager ou aliéner leurs rentes. Cette faculté est l'indispensable conséquence du principe posé dans l'article 2 du Gouvernement (4 de la Commission), que les billets émis par les banques coloniales sont remboursables à vue, au siége de ces établissements.

Ce même article dispose que les billets des banques seront reçus comme monnaie légale par les caisses publiques et les particuliers. C'est le régime que, dans la langue usuelle de la banque et de l'économie publique, on désigne sous le nom de *cours légal*. Ses avantages sont incontestables ; il assure notamment, et c'est un point capital, surtout aux colonies, la réception des billets de banque dans les caisses publiques. Il ne peut être confondu avec le *cours forcé*, puisque le *cours légal* a précisément pour condition l'obligation imposée à la banque de rembourser ses effets à présentation. Le régime du cours légal est celui de la banque d'Angleterre. Il est donc consacré par une expérience on ne peut plus imposante. Votre Commission, d'accord en ce point avec le conseil d'État et le Gouvernement, n'hésite pas à vous proposer d'en faire l'application aux banques de nos colonies.

Votre Commission a eu ensuite à examiner si, comme le propose le Gouvernement, il convient de fixer par la loi une limite à l'émission des billets. Une minorité de votre Commission aurait voulu s'en remettre, à cet égard, à l'appréciation des conseils d'administration, qui, suivant les circonstances, pourraient étendre ou restreindre l'émission. On a soutenu qu'une telle question ne pouvait être tranchée à l'avance par la loi, qui serait exposée à faire trop ou trop peu, et l'on a cité la banque de France qui, ayant une faculté illimitée d'émission, a eu souvent à se féliciter de cette liberté sans avoir jamais eu à la regretter. Mais la majorité de la Commission n'a pu se rendre à ces observations. Il lui a semblé qu'autoriser aux colonies des émissions illimitées, ce serait s'exposer à y introduire un véritable papier-monnaie sans contre-valeur effective, et destiné dès lors à une inévitable dépréciation. Elle n'a pas cru que l'exemple de la banque pût être considéré comme concluant, car on ne peut se flatter que, de longtemps au moins, l'administration des banques coloniales ait conquis l'autorité et l'immense crédit qui donnent à l'administration de la banque de France une si grande puissance d'opinion. La majorité de votre Commission, d'ailleurs, a remarqué que le législateur s'était montré beaucoup moins confiant avec les banques départementales, et qu'appelé à statuer, en vertu de la loi de 1841, sur le renouvellement du privilége de la banque de Rouen, il avait soigneusement limité l'émission des billets au double du numéraire métallique existant dans les caisses de l'établissement *et lui appartenant*; c'est cette limite que, d'accord avec le Gouvernement, votre Commission vous propose d'imposer aux banques coloniales comme un puissant moyen de faire obstacle aux faiblesses et aux entraînements dont il importe de les préserver. Cette limite se coordonnera, du reste, d'une part, avec l'obligation imposée à la banque de rembourser ses billets ; de l'autre, avec l'élévation du capital à 3,000,000 de francs. Il en résultera pour chaque banque coloniale, celle de la Guyane exceptée, l'autorisation éventuelle de pousser l'émission de ses billets jusqu'au *maximum* de 6,000,000 de francs ; somme qui paraît suffisante pour faire face au mouvement d'affaires dont nous avons constaté la probabilité.

Néanmoins, comme il y a ici quelque chose de conjectural, que l'expérience peut démontrer la convenance, la nécessité même d'une émission plus considérable de billets, nous avons, par l'article 3, prévu le cas où cette émission pourrait être portée jusqu'au triple, proportion ordinairement admise par les banques d'Europe. Mais nous avons pensé qu'une telle extension ne saurait être convenablement donnée au privilége que si le conseil de la banque en ayant fait la demande, l'autorisation lui en était accordée par décret présidentiel, intervenu sur les avis du gouverneur et de la commission de surveillance dont il sera ci-après parlé, *et de l'avis conforme* du conseil d'État. Ces précautions nous ont paru indispensables pour que le Gouvernement fût bien éclairé, particulièrement sur les points délicats et capitaux de savoir si, en développant l'émission, on répondrait à des besoins réels, sans compromettre le service si essentiel du remboursement des billets à présentation.

Par l'article 2 de son projet de loi, le Gouvernement propose d'autoriser les banques coloniales à émettre leurs billets en coupures de 500, de 100, de 20 et de 5 francs.

Votre Commission a tout d'abord pensé que, pour simplifier le système des banques, éviter les méprises et rendre plus aisément sensible à tous les yeux, par les signes extérieurs et matériels, la différence de valeur des billets, il convenait de réduire le nombre des coupures et de le fixer à trois. Elle a adopté sans difficulté celle de 500 francs et celle de 100 francs. Mais un long débat s'est élevé dans son sein relativement aux petites coupures de 20 francs et de 5 francs, et plus particulièrement en ce qui concerne les dernières.

A l'appui du système des très-petites coupures, on a reproduit les arguments de l'exposé des motifs; on a soutenu qu'elles étaient particulièrement nécessaires à l'agriculture coloniale, comme moyen de faciliter le payement des salaires; on a dit qu'elles avaient l'avantage de populariser le papier de banque et qu'elles avaient déjà pénétré dans les habitudes des populations, à ce point que le billet de 5 francs actuellement en circulation à la Guadeloupe y gagnerait une prime au lieu d'y subir une dépréciation. On a prétendu, enfin, qu'ainsi naturalisées, les petites coupures contribueraient notablement à diminuer les dangers de l'exigibilité perpétuelle du papier de banque et remplaceraient heureusement le numéraire dont l'exportation constante est une des plaies des colonies et ne peut être empêchée; on s'est étayé, enfin, sur le vœu des populations et sur l'autorité du conseil d'État, qui a introduit dans le projet les coupures de 5 francs que le Gouvernement n'y avait d'abord pas admises.

La majorité de votre Commission n'a pu s'associer à cette partie du projet, qui lui a semblé combattue par les plus graves raisons. Elle vous doit le résumé de celles qui l'ont déterminée.

C'est un principe constant que la circulation en papier doit chercher à compléter la circulation métallique sans jamais prétendre se substituer complétement à elle, car la disparition de la monnaie métallique détermine ou aggrave toujours les crises les plus désastreuses. L'approvisionnement d'un pays en métaux précieux se compose : 1° d'une portion accumulée, en masses plus ou moins fortes, dans les caisses publiques, dans celles des banques et celles des principaux commerçants ; le premier effet de toute crise est d'attaquer, de tarir quelquefois ces réservoirs principaux ; 2° d'une seconde portion disséminée en faibles sommes chez les petits commerçants et les particuliers. C'est la somme de ces petits dépôts innombrables, et défendus par leur nombre même et leur dissémination, qui forme très-certainement la base la plus sûre et la plus solide de la circulation monétaire.

Or, il est incontestable que l'introduction d'une coupure déterminée des billets de banque dans la circulation générale a pour résultat de chasser de chaque caisse et pour ainsi dire de chaque bourse les appoints métalliques supérieurs à l'importance de cette même coupure. Ainsi, le billet de 500 francs a pour résultat de réduire les appoints à 499 francs, le billet de 100 francs les réduit à 99 francs, et ainsi de suite jusqu'au billet de 5 francs, qui, s'il était admis, chasserait ou tendrait à chasser la pièce de 5 francs pour ne plus laisser en circulation que les appoints inférieurs de menue monnaie. On doit comprendre enfin que, plus on descend dans l'échelle des valeurs, plus ce grave danger s'accroît, puisque alors les petits billets vont poursuivre et comme pourchasser le numéraire chez la multitude des petits détenteurs. Une telle situation, si elle est admise, rend inévitablement les crises plus fréquentes et plus probables, mais elle accroît surtout le péril qui en résulte ; car il est dans la nature des choses que les petites coupures se disséminent dans les mains de porteurs très-nombreux, souvent peu éclairés, presque toujours faciles à effrayer, et disposés à éprouver comme à se communiquer mutuellement une émotion qui touche à tous les excès que la peur et la colère peuvent si malheureusement conseiller.

C'est après avoir fait à ses dépens l'expérience de ces inconvénients et de ces dangers des trop petites coupures, que l'Angleterre, si éclairée en ces matières, a fini par se décider à les proscrire. Le plus faible billet de sa banque nationale est maintenant de 5 livres sterling (125 francs). La plus grande facilité que comporte la situation des colonies britanniques comme des nôtres n'a cependant pas permis au Gouvernement d'y tolérer des billets inférieurs à 1 livre (25 francs). La Russie et l'Autriche, moins heureuses ou moins habiles que l'Angleterre, n'ont pu se débarrasser de cette plaie des très-petits billets dont elles sont depuis longtemps infestées, et la monnaie de chiffons (*rag money*), comme les Anglais l'appellent avec un mépris trop justifié, circule encore dans l'empire russe et les pays autrichiens, mais à l'état d'un discrédit tellement désastreux, que la dépréciation y varie entre la moitié et les quatre cinquièmes de la valeur nominale ou d'émission. Aussi, l'Amérique du Nord elle-même, si aventureuse en matière de crédit, a-t-elle fini par renoncer aux petites coupures.

« Tout le monde reconnaît maintenant, aux États-Unis, « dit un économiste célèbre [1], que, pour obtenir un sys- « tème solide de circulation, il faut qu'il y ait dans le pays « une certaine quantité d'or et d'argent. On sait parfaite-

[1] M. Michel Chevalier, *Lettres sur l'Amérique du Nord*, t. I, p. 130.

« ment que, tant qu'il y aura des dollars en papier, les dol-
« lars en argent s'en iront; que les billets de banque de dix
« dollars chasseront nécessairement les *aigles* (pièces d'or
« de cinq dollars), et que les *demi-aigles* ne peuvent rester
« là où il y a des billets de cinq dollars, etc. »

Votre Commission ne s'est, du reste, pas sentie ébranlée par les arguments que l'exposé des motifs cherche à tirer de la situation spéciale des colonies. On prétend que la coupure de 5 francs est nécessaire pour le payement des salaires : ce serait vrai, et fâcheusement vrai, si la monnaie métallique avait complétement disparu; mais c'est précisément pour l'empêcher de disparaître, que cette coupure nous paraît devoir être repoussée. On allègue que, pénétrant dans les couches les plus modestes de la société coloniale, le billet de 5 francs pourra servir de compensation à l'exportation continuelle du numéraire : c'est le même argument sous une autre forme; il y a déjà été répondu. Tout le monde sait, d'ailleurs, que, par la force des choses, l'exportation du numéraire a son correctif nécessaire : 1° dans les introductions de métaux précieux, perpétuellement faites par la métropole pour solder la balance de son commerce avec les colonies, et alimenter les services publics; 2° dans la prime de 1 1/2 à 2 p. 0/0 offerte aux monnaies d'or espagnoles, prime qui retient, dans nos Antilles surtout, une masse importante de doublons, parce qu'ils s'y reçoivent couramment au prix de 86 francs 40 centimes, tandis qu'ils ne valent ailleurs que 82 ou 84 francs. On a allégué, enfin, que le billet de 5 francs était déjà entré dans les habitudes des cultivateurs de nos colonies. C'est une raison de plus, peut-être, pour se hâter de les en déshabituer quand il en est temps encore, et, en tout cas, nous sommes en mesure d'affirmer que l'opinion favorable aux petites coupures est loin d'être unanime, même aux colonies. Elles sont combattues, notamment dans un rapport émané de l'administration de la Martinique, et nous pourrions mettre sous les yeux de l'Assemblée un travail fort sérieux, publié par un des organes de la presse coloniale (¹), et où, bien loin de solliciter des coupures de 5 francs, on se déclare tout prêt à accepter comme excellent un système de circulation qui ne ferait pas descendre les plus petits billets au-dessous de 50 francs.

Pour nous résumer et conclure sur ce point important, nous pensons que l'expérience et la théorie, qui n'est du reste ici que le résumé de l'expérience, s'accordent pour faire écarter les très-petites coupures. Nous n'avons pas cru, en conséquence, devoir descendre au-dessous du billet de 25 francs, soit parce qu'il respectera la pièce de 20 francs et celle de 5 francs, soit parce que ce *minimum* de 25 francs pour les petits billets est justifié par l'expérience des colonies anglaises. La majorité de votre Commission déclare même qu'en descendant jusque-là elle a cru faire une concession inspirée par le désir de ne s'éloigner que le moins possible du projet approuvé par le Conseil d'Etat et présenté par le Gouvernement.

Les articles 3, 4, 5, 6 et 7 du projet de loi se rapportent à diverses exceptions au droit commun sollicitées en faveur des banques coloniales comme garantie de la sûreté des opérations qu'elles seront autorisées à faire. La discussion

(¹) Article étendu et bien étudié du *Courrier de la Martinique*, sur le projet de loi relatif aux banques coloniales (février 1848).

de ces articles doit être précédée de l'examen de la section 3 du titre II des statuts, où sont énumérées ces opérations.

D'après l'article 12 du projet des statuts, elles consisteraient, en outre de l'émission des billets, dont nous nous sommes déjà occupés :

1° A escompter des lettres de change et autres effets à ordre, ainsi que les traites du Trésor public ou sur le Trésor public, les ministères et les caisses publiques............

....

3° A se charger, pour le compte des particuliers ou des établissements publics, de l'encaissement des effets qui lui sont remis, et à payer tous mandats ou assignations;

4° A recevoir, moyennant un droit de garde, le dépôt volontaire de tous titres, lingots, monnaies et matières d'or et d'argent.

Il ne peut y avoir jusque-là aucune difficulté.

L'article suivant (13) décide que les effets présentés à l'escompte doivent porter la signature de deux personnes au moins, notoirement solvables et domiciliées dans la colonie. On sait que la banque de France ne peut escompter que sur trois signatures, et cette précaution est incontestablement une des garanties principales de la sûreté de ses opérations. Votre Commission a cru néanmoins pouvoir s'accorder avec le Gouvernement, afin d'autoriser les banques coloniales à se contenter de deux signatures sérieuses et solvables.

Ses raisons ont été : 1° que la population restreinte des colonies et le personnel peu nombreux de leur commerce rendraient l'exigence des trois signatures très-rigoureuse et probablement très-coûteuse ; 2° le désir de faciliter dans toutes les limites raisonnables l'action de ces établissements, dont l'administration saura, nous en avons la confiance, se montrer prudemment sévère sur la valeur morale des signatures qui lui seront présentées.

Le même article 13 décide que l'échéance des effets offerts à l'escompte ne doit pas dépasser 90 jours de vue à 120 jours, si l'échéance est déterminée. Cette limite nous a paru sage et conforme à la nature des opérations auxquelles doivent faire face les banques coloniales.

Jusqu'ici nous n'avons parlé que d'opérations en quelque sorte inhérentes à la nature des banques d'escompte; mais le projet de statuts qui vous est soumis demande encore (article 12, paragraphe 2) pour nos banques coloniales l'autorisation d'escompter des obligations négociables et non négociables et garanties, soit 1° par des récépissés de marchandises déposées dans des magasins publics; soit 2° *par des engagements de récoltes*; soit 3° par des transferts de rentes ou des dépôts de lingots, de monnaies et de matières d'or et d'argent.

En vertu de l'article 14, l'une des deux signatures exigées par l'article 13 pourrait être remplacée par l'un des trois modes de garantie matérielle dont il vient d'être parlé.

Aucune difficulté ne peut s'élever en ce qui touche l'autorisation d'accepter, comme équivalent à une signature, soit un transfert de rentes, soit un dépôt de métaux précieux. Ce régime est celui de la banque de France, qui jamais n'en a souffert, ni pu en souffrir, grâce à la précaution qu'elle a toujours prise de n'admettre les dépôts accompagnés de transferts de rentes que pour une portion de leur valeur au cours. L'article 20 du projet de statuts des banques coloniales limite, du reste, le montant des prêts sur matières d'or et d'argent aux quatre cinquièmes, et celui des transferts de rentes aux deux tiers de la valeur.

Des objections sérieuses peuvent, au contraire, s'élever en ce qui concerne l'autorisation de prêter ou escompter avec une seule signature, soit sur *warrants* ou récépissés de marchandises déposées dans des magasins publics, soit sur endossement des connaissements qui suivent ces marchandises dans leur trajet des colonies en Europe. Ces gages consisteront presque toujours en denrées coloniales, produits de l'agriculture locale et surtout en sucres. Ces marchandises encombrantes donnent nécessairement lieu à une surveillance qui s'accorde mal avec le rapide mouvement des opérations d'une banque, et à des frais qui diminuent constamment la valeur du gage. Ce qui est plus grave, c'est qu'elles ne pourront, la plupart du temps, se réaliser qu'après un voyage long, coûteux et chanceux. La vente, en effet, n'en pourra, la plupart du temps, être faite par la banque et sur les lieux; il faudra avoir recours à des tiers en Europe. De là des lenteurs, des frais qui retomberont nécessairement à la charge des emprunteurs, et des risques de toute sorte : risques de mer, de faillite, d'incendie, etc.; ce dernier d'autant plus grave; qu'il n'existe pas aux colonies de compagnies d'assurances contre l'incendie. On ne peut assurément se dissimuler l'extrême gravité de pareilles objections, ni méconnaître que, presque toujours, les crédits sur marchandises ont été, sinon absolument funestes, au moins fort dangereux pour les banques qui les ont pratiqués. Nous n'avons pas cru, néanmoins, devoir les interdire. Notre raison principale a été, on le pressent à l'avance, que les colons, presque tous agriculteurs, ne peuvent présenter d'autre ni de meilleur gage que les produits de leurs récoltes réalisées; que ce qui leur importe surtout, c'est de trouver sur ce gage des ressources instantanées qui, tantôt suppléent à une vente actuellement impossible, tantôt permettent d'ajourner à un moment plus favorable une vente qui serait désastreuse s'il fallait en subir actuellement la nécessité. Il est trop évident que, si ces prêts sur gages et consignations de récoltes réalisées n'étaient pas permis à la banque, ils continueraient à se faire dans les conditions désastreuses qu'ont introduites le besoin des colons, l'avidité des prêteurs et la rareté extrême des moyens de crédit aux colonies. Il n'est pas moins certain que, sans cette faculté indispensable, les banques, au lieu de tourner à l'avantage de la propriété coloniale, que leur but principal est de relever et de soulager s'il est possible, ne feraient que favoriser les spéculations d'un petit nombre d'intermédiaires dont la loi ne doit s'occuper que secondairement. Le projet essaie, du reste, et nous espérons que ce ne sera pas sans succès, de diminuer les inconvénients inhérents à ces sortes d'opérations et d'assurer à ces banques toutes les garanties qu'elles peuvent comporter.

Ainsi, le prêt ou l'escompte sur nantissement de marchandises ne pourra dépasser les deux tiers de leur valeur (article 21 des statuts); ces marchandises devront être assurées, et, si elles ne le sont pas, la banque sera autorisée à retenir sur le prêt la somme suffisante pour faire effectuer cette assurance (article 18).

C'est dans le même esprit que l'article 4 du projet de loi, article que la Commission vous propose d'adopter sous le n° 7, décide : « Que les entrepôts de douane et tous autres « magasins qui viendront à être désignés à cet effet par le « gouverneur seront considérés comme magasins publics,

« où pourront être déposées les marchandises affectées à « des nantissements, et que la marchandise sera représentée « par un récépissé à ordre (ou warrant), qui pourra être « transporté par voie d'endossement. »

Une autre disposition du projet (article 6 du Gouvernement, 8 de la Commission) porte que les actes de nantissement ou transport, faits au profit des banques, seront enregistrés au droit fixe de 2 francs.

Enfin, l'article 6 des statuts, prévoyant le défaut de payement, autorise la banque à faire vendre la marchandise engagée, pour se couvrir de ses avances, huit jours après le protêt, et après une simple mise en demeure par acte extrajudiciaire, et cette disposition est régularisée par l'article 7 du projet du Gouvernement, devenu l'article 9 de celui de la Commission.

Votre Commission, d'accord ici avec le Gouvernement, espère que l'ensemble de ces précautions, utilisées par une administration prudente et vigilante, parviendra à préserver les banques des dangers que présente trop souvent le prêt sur marchandises, et que les colonies pourront être dotées d'une facilité si précieuse et si féconde, sans qu'elle nuise à la solidité et à la durée des établissements que nous essayons de fonder pour elles.

Les auteurs du projet de statuts ne se contentent pas d'autoriser le prêt ou l'escompte sur marchandises, c'est-à-dire sur récoltes réalisées, ils vont plus loin, et proposent, en outre (article 12, n° 2), d'autoriser des prêts *sur engagements de récoltes pendantes.*

Aux termes de l'article 5 du projet de loi : « Ces engage- « ments seraient rendus publics par la transcription des « actes sur un registre tenu à cet effet dans chaque bureau

« d'enregistrement, et les banques, par les actes qu'elles « auraient fait transcrire, seraient *considérées comme saisies* « de la récolte engagée, conformément au n° 2 de l'ar- « ticle 2102 du Code civil. Elles exerceraient, en consé- « quence, leurs droits et actions sur ce gage, nonobstant « tout acte d'engagement ou d'aliénation dont la transcrip- « tion n'aurait pas précédé celle de l'engagement constitué « à leur profit. »

L'exposé des motifs insiste vivement pour l'adoption de cette disposition et de la faculté du prêt sur récoltes qu'elle suppose. Cette faculté constituerait, en quelque sorte, suivant cet exposé, *toute la banque coloniale*. Il va même jusqu'à ajouter que, sans le prêt sur récoltes, l'institution des banques coloniales serait une dangereuse superfluité et une iniquité (1).

Une dangereuse superfluité : *parce que le commerce colonial est et doit être un commerce d'échanges, lequel ne comporte pas une trop grande multiplication des instruments de circulation.*

Une iniquité : *parce que les banques sont fondées avec le capital du planteur, dont l'intérêt est trop souvent en antagonisme avec celui du commerce*, d'où la conséquence que la loi doit tendre à procurer crédit au planteur sur la seule garantie de sa signature et des ressources qui lui sont propres, et l'affranchir de l'obligation d'un recours à un coûteux cautionnement.

Sans se laisser trop émouvoir par des déclarations si absolues et qui semblent interdire jusqu'à la discussion d'une disposition si péremptoirement proposée, votre Commission

---

(1) L'exposé des motifs porte : *L'opinion dira aux colonies que....* (Voir. page 107, le passage mentionné.)

l'a froidement examinée, et va vous présenter, en toute liberté d'esprit, le résultat du sérieux examen auquel elle s'est livrée sur ce point délicat.

La majorité a été frappée, tout d'abord, de l'incertitude même du caractère négatif du gage qui serait ainsi offert à la banque. Il s'agirait pour elle de prêter sur la simple signature d'un propriétaire non commerçant, non contraignable par corps, avec la seule garantie promise d'une récolte à venir. Mais qui assurera que les fonds ainsi avancés à un planteur souvent obéré et besogneux seront consacrés à des frais de culture, et ne seront pas ou divertis ou détournés par la nécessité plus urgente de faire face à des engagements antérieurs? A supposer que ces fonds soient réellement employés à la culture, quelle sûreté aura-t-on que cette culture sera fructueuse, que les incendies, les ouragans, si fréquents, si redoutables sous le ciel des Antilles, ne viendront pas tromper l'espérance du cultivateur et le mettre dans l'impuissance absolue de remplir ses engagements? Considérée en elle-même, la récolte pendante, ou, pour mieux dire, la récolte future, n'est donc pas susceptible de constituer un gage, c'est-à-dire de donner au créancier la sécurité matérielle, positive, dont le mot de *gage* doit être l'expression, et qui dispense un créancier prudent de toute autre précaution.

Mais allons plus loin : supposons qu'aucune de ces craintes ne se réalise, supposons que le cultivateur affecte loyalement la somme avancée à une culture fructueuse, le privilége que le projet de loi essaie d'assurer à la banque aura-t-il, pourra-t-il avoir l'effet qu'on s'en promet, celui d'assurer à l'établissement, au moment où se réalisera la récolte engagée par avance, un droit à l'abri de toute contestation, et exclusif du droit et des légitimes prétentions de tout autre créancier? C'est ce que votre Commission doit examiner encore.

Il est de l'essence du *gage* que l'objet sur lequel il porte sorte de la possession du propriétaire débiteur pour passer dans celle du créancier. « Le gagiste n'a son privilége, dit « M. Troplong, qu'à la condition *d'être saisi de la chose.* « Cette condition lui était imposée expressément par l'ar- « ticle 181 de la coutume de Paris; elle est reproduite par « l'article 2102, n° 2 du Code civil. » Et ailleurs : « Le privi- « lége du gagiste est fondé sur ce que le contrat et *la posses-* « *sion* donnent au créancier *un droit réel et spécial* sur la « chose mise en gage, de telle sorte qu'il n'est obligé de « s'en dessaisir que lorsqu'il est entièrement payé..... Pour « que le privilége sur le gage subsiste, il faut que *le créancier* « *en soit saisi;* il n'y a pas de gage *sans tradition réelle de la* « *chose.* Cependant le gage a lieu aussi lorsque le gage a été « remis à un tiers convenu entre les parties, etc. ([1]). »

Il a lieu également, on le sait, en faveur du propriétaire sur les meubles qui garnissent la chose louée.

Quand le créancier est saisi comme il doit l'être pour qu'il y ait *gage*, il n'a aucun risque à courir, ni même aucune démarche à faire, aucune action à exercer, aucune poursuite à intenter pour assurer son paiement. Il lui suffit de conserver une attitude en quelque sorte expectante et passive, pour être certain d'être payé par la seule force de *la rétention,* ce droit inerte, mais si puissant par son inertie même, et qui est à la fois l'un des caractères essentiels du gage et sa plus

---

([1]) *Des priviléges et hypothèques,* t. I, n°s 168 et 170.

énergique sanction. Si, au contraire, le débiteur pouvait demeurer saisi, le créancier non payé serait réduit à lui intenter un procès, non-seulement pour obtenir condamnation, mais encore pour courir après ce prétendu gage qui n'en serait réellement pas un. Et l'on doit comprendre, de plus, que, si le gage est laissé en la possession du débiteur, il est moralement et matériellement impossible de mettre obstacle à ce que certains de ses créanciers acquièrent ou puissent acquérir sur ce gage, possédé par le débiteur commun, des droits légitimes, et qui doivent nécessairement nuire à l'exercice du droit du gagiste non saisi. Celui-ci ne saurait donc, quoi qu'on fasse, avoir ni droit exclusif, ni, par conséquent, sécurité complète.

Vainement le projet promet-il à la banque, sur les récoltes engagées, le privilége que l'article 2102 du Code civil accorde au gagiste véritablement et réellement saisi. La nature des choses s'oppose ici à ce que la fiction ait les mêmes effets que la réalité.

Il faut remarquer d'abord, qu'aux termes de l'article 520 du Code civil les récoltes pendantes par racines et les fruits non encore récoltés sont immeubles. Le droit des créanciers hypothécaires s'exerce donc sur les récoltes comme sur le corps même de l'immeuble. Le projet de loi n'a pas essayé la tâche difficile de concilier ce droit des créanciers hypothécaires avec le privilége qu'il prétend conférer éventuellement aux banques coloniales. Or, il est évident qu'une saisie immobilière exercée sur l'immeuble, même après la transcription du privilége de la banque, pourrait faire tomber celui-ci, pourvu que l'hypothèque fût antérieure à la transcription.

Il est vrai qu'aux termes du même article 520 du Code

civil la récolte devient meuble au moment où les fruits qui la constituent sont détachés du sol. Elle commence alors, seulement alors, à devenir susceptible d'être affectée au privilége du gagiste. Mais c'est à ce moment aussi que surgiraient toutes les difficultés inhérentes à ce capital, que la récolte, objet du prétendu gage, loin d'être réellement transportée sous la main du créancier, serait demeurée, de fait, en la possession du débiteur. On ne peut, par suite, empêcher les autres créanciers de ce débiteur d'exercer, soit concurremment avec le privilége promis à la banque, soit même de préférence à lui : 1° quelques-uns au moins des priviléges généraux énumérés en l'art. 2101 du Code civil (1); 2° certains des priviléges spéciaux énumérés en l'article 2102 (2), parmi lesquels il faut remarquer les sommes dues *pour les*

---

(1) Art. 2101. — Les créances privilégiées sur la généralité des meubles sont celles ci-après exprimées, et s'exercent dans l'ordre suivant :

1° Les frais de justice ;

2° Les frais funéraires ;

3° Les frais quelconques de la dernière maladie, concurremment entre ceux à qui ils sont dus ;

4° Les salaires des gens de service, pour l'année échue, et ce qui est dû sur l'année courante ;

5° Les fournitures de subsistances faites au débiteur et à sa famille, savoir : pendant les six derniers mois, par les marchands en détail, tels que boulangers, bouchers et autres, et, pendant la dernière année, par les maîtres de pension et marchands en gros.

(2) Art. 2102. — Les créances privilégiées sur certains meubles, sont :

1° Les loyers et fermages des immeubles, sur les fruits de la récolte de l'année, et sur le prix de tout ce qui garnit la maison louée ou la ferme, et de tout ce qui sert à l'exploitation de la ferme, savoir : pour tout ce qui est échu et pour tout ce qui est à échoir, si les baux sont authentiques, ou si, étant sous signature privée, ils ont une date certaine ; et, dans ces deux cas, les autres créanciers ont le droit de relouer la maison ou la ferme pour le *frais de la récolte elle-même, ou pour les frais de sa conservation*. Il est évident que ces priviléges, dont on ne peut écarter la toute-puissante exigence sur la récolte, dont le débiteur commun est demeuré saisi, sont de nature à venir en concurrence avec le privilége qu'on voudrait attribuer à la banque, et même à le primer; qu'ils pourraient souvent l'annihiler, et qu'en tout cas la banque devrait s'attendre, en le stipulant, à des difficultés contentieuses on ne peut plus

---

restant du bail, et de faire leur profit des baux et fermages, à la charge, toutefois, de payer au propriétaire tout ce qui lui serait encore dû;

Et, à défaut de baux authentiques, ou lorsque, étant sous signature privée, ils n'ont pas une date certaine, pour une année à partir de l'expiration de l'année courante.

Le même privilége a lieu pour les réparations locatives et pour tout ce qui concerne l'exécution du bail.

Néanmoins, les sommes dues pour les semences ou pour les frais de la récolte de l'année sont payées sur le prix de la récolte, et celles dues pour les ustensiles, sur le prix de ces ustensiles, par préférence au propriétaire, dans l'un et l'autre cas.

Le propriétaire peut saisir les meubles qui garnissent sa maison ou sa ferme, lorsqu'ils ont été déplacés sans son consentement : et il conserve sur eux son privilége, pourvu qu'il ait fait la revendication, savoir : lorsqu'il s'agit du mobilier qui garnissait une ferme, dans le délai de quarante jours, et dans celui de quinzaine, s'il s'agit de meubles garnissant une maison.

2° La créance sur le gage dont le créancier est saisi;

3° Les frais pour la conservation de la chose;

4° Le prix d'effets mobiliers non payés, s'ils sont encore en la possession du débiteur, soit qu'il ait acheté à terme ou sans terme.

Si la vente a été faite sans terme, le vendeur peut même revendiquer ses effets tant qu'ils sont en la possession de l'acheteur, et en empêcher la revente, pourvu que la revendication soit faite dans la huitaine de la livraison, et que les effets se trouvent dans le même état dans lequel cette livraison a été faite.

Le privilége du vendeur ne s'exerce, toutefois, qu'après celui du propriétaire de la maison ou de la ferme, à moins qu'il ne soit prouvé que le

nuisibles pour une pareille institution, on ne peut plus compromettantes pour la rapidité et la facilité de ses opérations, alors que cette rapidité, cette facilité, sont des conditions essentielles de son succès et de son existence même.

Ces considérations ont paru à votre Commission assez décisives pour la déterminer à rejeter, à l'unanimité, moins une seule voix, la proposition d'introduire dans les statuts et dans la loi la faculté de prêter sur gage de récoltes pendantes ou à venir.

Quelques membres de la Commission ne se sont associés à ce vote qu'après avoir reconnu l'impossibilité légale et morale de faire passer aucun privilége, sur la récolte, avant celui des travailleurs, dont les bras et les sueurs l'ont produite. Réunis au commissaire qui avait persisté à soutenir le projet du Gouvernement, ils ont formé une minorité de cinq membres, qui a pensé qu'on pourrait tout concilier si on accordait à la banque le privilége demandé pour elle, mais seulement à charge de justifier que les fonds avancés au propriétaire auraient servi à payer les ouvriers employés à préparer ou à réaliser la récolte.

La banque serait ainsi privilégiée, partie de son chef,

---

propriétaire avait connaissance que les meubles et autres objets garnissant sa maison ou sa ferme n'appartenaient pas au locataire.

Il n'est rien innové aux lois et usages du commerce sur la revendication ;

Les fournitures d'un aubergiste sur les effets du voyageur qui ont été transportés dans son auberge ;

Les frais de voiture et les dépenses accessoires sur la chose voiturée;

Les créances résultant d'abus et prévarications, commis par les fonctionnaires publics, dans l'exercice de leurs fonctions, sur les fonds de leur cautionnement, et sur les intérêts qui en peuvent être dus.

comme gagiste, partie comme légalement subrogée au privilége des ouvriers, reconnu par les articles 2102, 2103 et autres du Code civil. Ce système aurait, de l'aveu de ses honorables auteurs, entraîné la nécessité de faire intervenir la banque, par elle-même ou par ses agents, dans les paiements hebdomadaires ou semi-mensuels des salaires, sur chaque habitation. L'inévitable complication d'un pareil système, les embarras, les frais qu'il occasionnerait, la presque impossibilité d'établir bien positivement, à l'encontre des tiers, le fait du paiement qu'il faudrait justifier pour rendre valable la subrogation au privilége, sont autant de motifs qui, joints à une grande partie de ceux qu'elle a déjà exposés, ont déterminé votre Commission à repousser cette proposition subsidiaire comme la proposition principale.

Avant de terminer sur ce point, votre Commission doit déclarer qu'il lui a paru tout à fait impossible de s'arrêter à cette déclaration de l'exposé des motifs, que le prêt sur récoltes constituerait en quelque sorte à lui seul *toute la banque coloniale*, et que, sans le prêt sur récoltes, le projet de loi soumis à vos délibérations devrait être considéré à la fois comme une superfluité et comme une iniquité.

Votre Commission repousse, elle l'a déjà dit, ces tranchantes assertions, de toute la force d'une conviction sérieuse et raisonnée. Elle n'a pu concevoir, tout d'abord, que, même en attachant beaucoup d'importance au prêt sur récoltes pendantes, on ait jamais pu y voir *toute la banque coloniale*. Les banques auront, en effet, en tout cas, la faculté de multiplier leur capital et leurs moyens de crédit par l'émission des billets ; elles viendront par là au secours d'une circulation monétaire par trop souvent insuffisante ; elles auront pour but, et ce but sera non-seulement poursuivi, mais atteint, il faut l'espérer, d'abaisser par leurs escomptes le taux exorbitant de l'intérêt de l'argent. Elles viendront enfin directement au secours de la propriété, par le prêt sur récoltes réalisées. Ce seraient là, certes, des services assez positifs, assez sérieux, pour que ces établissements, même sans prêter sur gage de récoltes futures, soient tout autre chose qu'une superfluité.

Est-il besoin maintenant de les défendre contre le reproche d'iniquité? Cette iniquité résulterait, d'après l'exposé des motifs, de ce que le capital du planteur devant servir à former le capital des banques coloniales, le planteur a droit à ce que sa signature soit directement escomptée ; sans qu'il doive être réduit à avoir recours à celle d'un intermédiaire, banquier ou commerçant.

A cette objection, plusieurs réponses :

1° L'une, qu'il faut bien s'entendre sur ce point, que les banques coloniales sont fondées avec le capital du planteur. Cela est vrai, en ce sens que le capital des banques se forme au moyen d'un prélèvement sur l'indemnité. Mais il ne faut pas oublier que la loi de 1849 ne s'est pas bornée à prescrire ce prélèvement dont le montant ne pouvait pas dépasser 12 millions et n'en atteindra pas 10; elle a, en même temps, élevé à 120 millions immédiatement payables l'indemnité qui, aux termes du projet primitif, ne devait être que de 90 millions payables en longues annuités. Et il est évident que, dans la pensée de l'Assemblée constituante, l'institution des banques a été une des conditions, si ce n'est du vote de l'indemnité, au moins de l'élévation de son chiffre. En ce sens, la création de ces banques destinées à être utiles à toute la population coloniale est loin d'avoir été un sacrifice pour les propriétaires indemnisés.

2° Que voudrait-on inférer, au surplus, de ce fait incontestable, que le capital des banques vient en déduction de la partie actuellement exigible de l'indemnité accordée aux colons? Assurément, si cette espèce d'affectation du huitième ou du dixième de l'indemnité à un grand objet d'utilité publique impose au législateur quelque devoir envers les indemnitaires, c'est celui de ne rien négliger pour que leur capital engagé comme forcément dans les banques y soit du moins sauvegardé par toutes les garanties, par toutes les précautions que peuvent conseiller l'expérience et la prudence. Quand donc nous nous opposons à des opérations chanceuses, aventureuses, où le capital des banques serait très-probablement compromis, nous sommes on ne peut plus loin de motiver le reproche *d'iniquité* envers les colons indemnitaires. Ils pourraient nous l'adresser, au contraire, si, non contents de disposer d'une partie de leur capital dans l'indemnité, nous exposions légèrement ce capital en attribuant, non pas précisément aux indemnitaires, mais à tous venants, cette espèce de *droit au crédit* qu'on réclame au nom des indemnitaires, et dont il serait si facile d'abuser contre eux, puisqu'il serait ouvert, à leurs dépens, à bien d'autres qu'à eux-mêmes!

3° Il convient d'ajouter surtout que les propriétaires planteurs sont loin d'être exclus des escomptes de la banque. Ils pourront, en effet, aux termes du projet, tel que l'a modifié la Commission, y être directement admis sur leur seule signature, et à charge d'affecter à l'établissement tout ou partie de leur récolte réalisée. Ils pourront en profiter encore, même sans déposer aucun nantissement, si leur moralité et leur solvabilité présentent au conseil d'administration et au directeur des garanties suffisantes pour que leur signature puisse être acceptée comme l'une des deux qui suffisent pour rendre possible un escompte de valeurs. Ainsi, en réalité, le planteur pourra, s'il en paraît digne, recevoir les avances nécessaires à sa culture, sans qu'il soit nécessaire d'avoir recours à cette complication contentieuse et illusoire de l'engagement d'une récolte non encore recueillie et non même encore créée ; gage trompeur qui n'en saurait être un, alors qu'il n'est possible ni de le soustraire à la possession du débiteur, ni d'en saisir réellement le créancier.

Telles sont, Messieurs, les raisons qui, malgré la persistance de M. le ministre de la marine, nous déterminent à vous proposer le rejet de l'article 5 du projet et de toutes les dispositions des statuts qui s'y rapportent.

Votre Commission a déjà exprimé son assentiment à l'article 6 du projet de loi qui décide que les actes d'engagement ou de transfert, au profit des banques coloniales, seront enregistrés au droit fixe de deux francs ; et à l'article 7, lequel, à défaut de remboursement à l'échéance des sommes prêtées par les banques, permet à ces établissements de faire vendre aux enchères publiques, huitaine après une mise en demeure, les marchandises ou matières d'or et d'argent remises en nantissement. Ces dispositions s'expliquent et se justifient d'elles-mêmes.

Nous avons cru devoir y ajouter un article additionnel qui porte le n° 10 et aux termes duquel la juridiction commerciale serait compétente pour connaître, non-seulement de toutes actions relatives aux effets souscrits en faveur des banques, ou négociés à ces établissements, mais encore de toutes causes relatives aux nantissements et autres sûretés consenties en leur faveur. Nous avons entendu par là trancher des difficultés de compétence qui pourraient amener quelques embarras, et d'ailleurs imprimer la marche la plus rapide et la plus économique possible à l'instruction et au jugement des procès que les banques se trouveront dans la nécessité d'intenter ou de subir.

L'article 8 du projet de loi dispose qu'une agence centrale des banques coloniales *pourra* être établie à Paris, par décret du Président de la République, rendu dans la forme des règlements d'administration publique, et que cette agence sera placée sous la surveillance du ministre de la marine et des colonies.

Cette agence, dont la création serait, d'après le projet de loi, purement facultative, et dont les attributions ne sont aucunement définies par le projet de loi, non plus que par le projet de statuts, constituerait, d'après l'exposé des motifs, « un des rouages les plus importants du mécanisme des « banques coloniales.

« Les principales affaires de ces établissements, ajoute « cet exposé, devant aboutir en Europe, puisque la métro- « pole est le centre obligé des transactions de nos colonies, « il était indispensable qu'ils eussent des correspondants en « France. Au lieu de les laisser se mettre en rapport avec « les agents commerciaux ordinaires, choisis au gré de leur « administration, il a paru qu'il serait plus convenable de « centraliser ces rapports aux mains d'une agence spéciale, « qui serait placée sous la surveillance de l'autorité supé- « rieure, et fonctionnerait sous l'empire des règles que dé- « terminerait le Conseil d'État. Là sera la plus sérieuse « garantie de bonne administration, parce que, au moyen « de cette organisation qu'il aura sous la main, le Gouver- « nement sera à même de connaître la marche de chacun

« des établissements et pourra les rappeler à temps à l'ob-
« servation de leurs statuts. »

Votre Commission, Messieurs, n'a pu admettre cette organisation ainsi entendue et commentée d'une agence centrale des banques coloniales. Il lui a paru, sans doute, que le Gouvernement devait exercer sur leurs opérations un contrôle rigoureux et une incessante surveillance ; mais elle ne pense pas que ce contrôle, cette surveillance, puissent aller jusqu'à absorber toute leur liberté d'action, ce qui affranchirait, par là même, leur administration de toute responsabilité. Or, c'est ce qui arriverait, si l'administration de la banque, ne pouvant choisir librement ses agents en Europe, était contrainte d'accepter ceux qu'il plairait au ministère de la marine de lui imposer. Qu'on veuille bien réfléchir, en effet, que ces agents, si leurs attributions pouvaient être telles que les indique l'exposé des motifs, seraient de véritables fonctionnaires publics, chargés de recevoir, pour le compte des banques, des consignations de denrées coloniales, de veiller au débarquement, au bénéficiage, au magasinage de ces denrées, de procéder à leur vente, d'en réaliser le montant, d'en remettre ensuite la contre-valeur; comme aussi d'encaisser le montant des effets sur France, remis par l'administration des banques, d'en faire les retours, etc. Une telle situation serait évidemment intolérable, soit que l'État fût responsable des actes de ces fonctionnaires d'un nouveau genre, soit qu'il se refusât à en répondre après les avoir imposés. Ce régime serait, d'ailleurs, fort coûteux pour les banques, puisqu'elles devraient à elles seules supporter tous les frais généraux et de l'agence centrale établie à Paris et des sous-agences qu'il serait indispensable d'établir dans nos principaux ports de mer.

Votre Commission, à l'unanimité, n'a pas hésité à penser qu'il était infiniment préférable d'abandonner aux banques le soin de faire gérer, comme elles l'entendront, leurs intérêts et leurs affaires en Europe, soit au moyen d'agents spéciaux nommés par elles sous la responsabilité de qui de droit, soit en ayant recours à des mandataires commerciaux. Leur clientèle sera assez brillante et assez lucrative pour être recherchée par les maisons les plus considérables et les mieux accréditées. Ce sera aux banques de profiter de la concurrence pour stipuler avec celles qui leur présenteront les conditions les plus favorables et les plus rassurantes garanties.

Mais, si nous croyons que le Gouvernement doit s'abstenir de toute intervention trop directe dans l'administration et la gestion des affaires des banques, nous pensons, en même temps, qu'il est à la fois de son droit et de son devoir d'en faire l'objet d'une surveillance active et continue. Cette surveillance aura, par la force des choses, un double mode d'action. Elle s'exercera dans la colonie même, suivant ce que prescrivent les statuts, dont nous vous entretiendrons tout à l'heure ; elle s'exercera aussi de la métropole, par les soins du ministre chargé des colonies. Mais, pour seconder, éclairer et stimuler au besoin l'action de ce ministre, nous avons cru nécessaire de placer près de lui, au lieu de l'agence, à la fois officielle et commerciale, que nous repoussons, une commission de surveillance, dont les attributions, plus amplement déterminées par un règlement d'administration publique, consisteraient à centraliser toute la correspondance et tous les documents relatifs à la gestion des banques et à provoquer les mesures de vérification et de contrôle qui leur sembleraient convenables. En outre de ses rapports habituels et confidentiels avec le ministre, cette commission serait tenue d'adresser, chaque année, au pouvoir exécutif et à l'Assemblée nationale, un rapport destiné à la publicité, contenant le résumé de ses observations et les résultats généraux de sa surveillance. Cette action, analogue à celle qu'exerce avec succès la commission de surveillance de la caisse d'amortissement, aurait pour effet de tenir en haleine l'administration des banques et le zèle de leurs surveillants locaux; elle rendrait, nous l'espérons, les abus plus rares, plus faciles à prévenir ou à faire disparaître.

Cette commission, comme nous le dirons tout à l'heure, serait notamment investie du droit de présenter à la nomination du ministre de la marine les candidats aux importantes fonctions de directeurs des banques coloniales. Elle devrait être consultée sur tous les actes du Gouvernement relatifs à ces établissements.

Afin de donner à la composition de la commission de surveillance les garanties de diverses natures qu'elle peut comporter, nous proposons de la composer de sept membres; savoir: un membre du conseil d'État, élu par ce corps; deux membres choisis par le ministre de la marine et des colonies; deux par le ministre des finances, et les deux autres par le conseil général de la banque de France, dont les lumières spéciales et les fermes traditions pourront être si utiles dans une telle réunion.

Tel est l'esprit et la portée de la disposition par laquelle nous vous proposons de remplacer l'article 8 du projet de loi.

L'article 9 et dernier de ce projet est relatif à la création des succursales qu'il pourrait sembler nécessaire de créer dans l'intérieur des possessions, où s'exercera le privilége de chacune des banques. Nous avons légèrement modifié la rédaction de cet article. Nous pensons, avec le Gouvernement, que ces succursales ne peuvent être établies que par décret du Président de la République, le conseil d'État entendu. Nous pensons de plus qu'il conviendra, en ce cas, d'attendre l'initiative de leurs conseils d'administration, et de prendre l'avis des gouverneurs et celui de la commission de surveillance. Il ne faut pas que des exigences locales puissent trop facilement obtenir des établissements annexes qui, sans pouvoir accroître beaucoup l'utilité de banques dont les circonscriptions seront si restreintes, augmenteraient sensiblement les frais généraux et diminueraient forcément les garanties et les moyens d'une bonne surveillance et d'une bonne administration.

Ici, Messieurs, se termine le travail auquel nous a paru devoir donner lieu le projet de loi proprement dit; nous n'avons examiné jusqu'ici les statuts que dans celles de leurs dispositions qu'il était indispensable d'apprécier pour la complète intelligence de la loi. Mais le surplus de leurs articles nous a paru nécessiter, en outre, quelques remarques. Un certain nombre d'amendements nous a semblé devoir être introduit dans leur contexte; tel sera l'objet des rapides observations qui vont suivre.

Les statuts sont divisés en trois titres, relatifs, le premier, à la constitution des banques et aux opérations qui leur sont attribuées; le second, à leur administration; le troisième ne contient qu'un petit nombre de dispositions générales.

TITRE PREMIER.

SECTION PREMIÈRE.

CONSTITUTION, DURÉE ET SIÉGE DE LA SOCIÉTÉ.

Cette section a pour objet de fixer le siége de chacune des banques ; de déclarer qu'elles devront être constituées en sociétés anonymes; de rappeler que ces sociétés se composeront, à titre d'actionnaires, de tous les indemnitaires auxquels aura été appliqué le prélèvement prescrit par la loi du 30 avril 1849. Nous avons dû y ajouter (par amendement à l'article 2 des statuts) les souscripteurs d'actions, s'il s'en présente pour user de la faculté réservée par l'article 3 du projet amendé.

L'article 3 des statuts fixe à vingt ans la durée des sociétés. Il nous a paru convenable de dire que cette durée courra, pour chaque banque, du jour de la promulgation de la loi, dans la colonie où cette banque sera établie.

SECTION II.

DU CAPITAL DES ACTIONS.

Les articles compris dans cette section n'ont donné lieu qu'à des modifications de rédaction nécessaires pour mettre les statuts en harmonie avec le projet de loi, tel que la Commission l'a amendé.

SECTION III.

DES OPÉRATIONS DE LA BANQUE.

Nous nous sommes déjà expliqués sur cette partie des

statuts, en discutant ceux des articles de la loi qui sont relatifs au même objet. En outre des changements que nous avons dû y introduire, par suite de la suppression de la faculté de prêter sur récoltes pendantes, nous avons modifié la rédaction de l'article 24 (devenu l'article 22) dans un sens propre à consacrer la complète liberté d'appréciation de la banque sur le point si essentiel de l'admission au prêt ou à l'escompte. Nous avons, de plus, amendé l'article 29 (devenu l'article 27) dans l'objet d'astreindre la banque à publier tous les quinze jours, et non pas seulement tous les trois mois, le compte de sa situation. Le délai de quinze jours nous a paru convenable, parce qu'il cadre avec les départs réguliers des correspondances pour l'Europe.

SECTION IV.

DIVIDENDE ET FONDS DE RÉSERVE.

Pas d'observations.

TITRE II.

DE L'ADMINISTRATION DE LA BANQUE.

SECTION PREMIÈRE.

DE L'ASSEMBLÉE GÉNÉRALE.

Pas d'observations, si ce n'est : 1° qu'au lieu de dire, avec l'article 37 du projet, que cette assemblée se tiendra *une fois par an*, nous proposons de dire, par notre article 34, qu'elle se tiendra *au moins une fois par an*.

Nous ajoutons, en outre, à l'article 40 (devenu l'article 37) une disposition qui autorise les porteurs du cinquième des actions à provoquer une assemblée extraordinaire par demande écrite, adressée au gouverneur.

SECTION II.

DU CONSEIL D'ADMINISTRATION.

SECTION III.

DU DIRECTEUR.

SECTION IV.

DES ADMINISTRATEURS.

SECTION V.

DU CENSEUR ET DU COMMISSAIRE DU GOUVERNEMENT.

Nous réunirons dans un même cadre nos observations sur ces quatre sections, qui embrassent dans leur ensemble l'organisation de l'administration des banques.

Le Gouvernement propose (article 46 et suivants) de placer, à la tête de chacune d'elles, un directeur nommé par décret du Président de la République, sur le rapport du ministre de la marine et du ministre des finances. Aux termes du projet, ce directeur préside le conseil d'administration et en fait exécuter les délibérations; nulle délibération ne peut être exécutée si elle n'est revêtue de sa signature; nulle opération d'escompte ou de prêt ne peut être faite sans son approbation. Il dirige les bureaux, présente à tous les emplois, signe la correspondance, les traites ou billets à ordre, les acquits et les endossements d'effets.

Cette situation est celle du gouverneur de la banque de

France; elle était celle des directeurs des anciennes banques départementales. Elle a pour elle la sanction de l'expérience. Elle satisfait surtout au besoin d'imprimer, sous une sévère responsabilité, toute l'unité et toute l'énergie possible à l'administration des banques. Nous pensons, avec le projet, que les directeurs auxquels des pouvoirs si étendus sont confiés ne peuvent être nommés et révoqués que par le chef du pouvoir exécutif; de plus, leur traitement, payé par la banque, sera fixé, quant à la quotité, par décision du Gouvernement. Il importe, en effet, au plus haut degré que les directeurs d'une banque d'escompte et de circulation, d'une banque coloniale surtout, soient placés dans une position complétement indépendante des influences et des exigences de localités; mais il importe aussi que des fonctions si importantes ne soient confiées qu'à des hommes d'une capacité spéciale, d'une fermeté. d'une droiture à la hauteur de leur délicate et difficile mission. Le projet a pensé qu'une garantie suffisante résulterait pour ces nominations du double contre-seing du ministre des finances et du ministre de la marine. L'intervention de ce dernier ministre est, en effet, indispensable, et celle du ministre des finances aurait sans doute pour résultat utile de procurer des choix plus spéciaux; mais il nous a semblé que la commission de surveillance dont nous avons proposé la formation, et où seraient représentés le conseil d'État, les administrations des finances et de la marine et le conseil général de la banque de France, serait bien mieux en mesure encore de chercher et de présenter les candidats les plus capables et les plus dignes des fonctions de directeurs. Nous proposons donc de décider que la nomination de ces agents sera faite sur la présentation de cette commission et par décret contre-signé du ministre de la marine. L'intervention indirecte mais réelle du conseil général de la Banque de France dans ces présentations concourra, nous en avons la confiance, à produire la candidature d'agents expérimentés et déjà habitués aux difficultés toutes particulières que présente la gestion et l'administration des banques.

D'après le projet de statuts (articles 42 et suivants, 54 et suivants), le conseil d'administration serait composé, sous la présidence du directeur, de quatre administrateurs élus par les actionnaires et ayant voix délibérative ; à côté de ce conseil, seraient placés un censeur élu par les actionnaires et un commissaire du Gouvernement nommé par le ministre de la marine et salarié aux frais de la banque.

Cette organisation nous a paru devoir être modifiée.

Il nous a semblé, d'abord, que, dans un conseil composé de cinq personnes, où le directeur n'aurait qu'une voix et où l'influence locale en aurait quatre, les intérêts généraux pourraient n'être pas suffisamment défendus. Nous proposons, en conséquence, de réduire à trois le nombre des administrateurs électifs, et d'introduire dans le conseil, comme quatrième administrateur, et avec voix délibérative, le trésorier colonial, qui y apportera certainement une grande autorité et une utile influence. C'est ainsi que les statuts de la banque de France introduisent dans son conseil, outre un gouverneur et deux sous-gouverneurs nommés par le Gouvernement, trois receveurs généraux au moins. Il est entendu qu'en sa qualité d'administrateur, le trésorier colonial devra, comme ses collègues, posséder un certain nombre d'actions de la banque. Il sera donc à la fois dans le conseil le représentant de l'intérêt des actionnaires et l'organe éclairé des intérêts généraux.

Nous avons cru, d'un autre côté, qu'il n'y avait pas lieu d'imposer à la banque, outre le traitement de son directeur, celui d'un commissaire du Gouvernement, nommé par le ministre de la marine.

L'expérience prouve le peu d'utilité des commissaires du Gouvernement placés à côté des conseils d'administration des sociétés anonymes. Cette utilité serait surtout très-contestable en présence du conseil d'une banque dont le directeur sera nommé par le chef du pouvoir exécutif. Le directeur est, en réalité, le véritable commissaire du Gouvernement; par le directeur, le Gouvernement aura toute l'influence, toute l'autorité désirables dans l'administration des affaires de la banque. Un second fonctionnaire spécial et salarié, placé en face de ce directeur, serait, trop probablement, de deux choses l'une : ou une vaine superfétation, ou l'occasion d'un regrettable antagonisme et d'un fâcheux tiraillement.

Nous avons néanmoins pensé qu'en outre de l'action du directeur et de la surveillance générale du gouvernement colonial, une surveillance spéciale pouvait être utile. Nous pensons qu'il convient de la confier à deux censeurs, dont l'un serait, comme le propose le projet de statuts (article 30), élu par les actionnaires, dont le second ne serait autre que le contrôleur colonial, qui, par la nature de ses fonctions, est appelé à surveiller tous les services, et plus spécialement les services financiers, et qui est déjà en possession du droit de correspondre directement avec le ministre pour tous les objets confiés à sa surveillance.

Votre Commission n'hésite pas à penser qu'ainsi constituée, l'administration aura plus de force, d'unité, et que, sans imposer d'aussi lourds sacrifices aux actionnaires, sans donner lieu à une inutile création d'emplois nouveaux, elle présentera des garanties de surveillance aussi réelles que dans le système du projet.

Les observations qui précèdent ont motivé divers amendements aux articles 42, 45, 46, 48, 55, 56, 58, 59, 60, 62, 63 du projet de statuts.

Nous avons introduit, en outre, une modification dans la rédaction de l'article 43, qui, énumérant les attributions du conseil d'administration de la banque, charge notamment ce conseil de fixer le taux de l'escompte et de l'intérêt, les changes, commissions et droits de garde.

Nous avons cru utile de mentionner expressément que, dans la fixation du taux de l'intérêt et de l'escompte, la limite légale ne pourrait être dépassée. Nous espérons que habituellement elle ne sera pas atteinte, et que les banques coloniales s'efforceront ainsi de justifier le privilége qui leur sera accordé. Mais il nous a paru impossible de leur imposer, sur ce point délicat, aucune règle plus précise que celles qui résultent de la législation commune. Des abaissements trop brusques et non justifiés par la situation générale des affaires pourraient, d'ailleurs, avoir des inconvénients que la prudence et le bon esprit des banques devront s'attacher à éviter, tout en s'efforçant de tendre sans cesse au but essentiel de leur institution, à savoir, l'abaissement, dans des limites raisonnables, du taux de l'intérêt des capitaux.

Le *titre III des statuts* s'occupe principalement des cas où il pourra y avoir lieu à la dissolution et à la mise en liquidation des banques. Nous pensons, avec le Gouvernement, que, si le capital est réduit des deux tiers, la liquidation de la société doit avoir lieu de plein droit. Mais il doit être entendu que cette extrémité fâcheuse ne sera considérée comme inévitable qu'au cas de réduction du capital au tiers par suite de pertes sur les opérations de la banque. Une simple dépréciation, probablement momentanée, dans la valeur des rentes affectées à la constitution de son capital, ne pourrait avoir une telle conséquence.

Que si la réduction du capital est du tiers seulement, et par suite des mêmes causes, la mise en liquidation pourra être demandée par les actionnaires; mais il ne nous a pas semblé possible de les autoriser à poursuivre la dissolution d'un établissement d'intérêt général, sans subordonner à de sérieuses garanties l'exercice de cette faculté. C'est en ce sens que nous vous proposons d'amender l'article 65, en décidant que la demande de mise en liquidation ne sera valable que si elle réunit les signatures des intéressés jusqu'à concurrence de la moitié au moins en nombre et des deux tiers au moins en capital; mais, même en ce cas, la dissolution ne pourrait être prononcée que par un acte du Gouvernement, qui aurait à examiner une résolution si grave, non pas seulement au point de vue de l'intérêt privé des actionnaires, mais au point de vue de l'intérêt général, qui détermine aujourd'hui l'institution des banques.

Ici, Messieurs, se termine le travail de votre Commission. Les modifications qu'elle a cru devoir introduire dans le projet de loi et dans le projet de statuts émanés du Gouvernement ont été par elle communiquées à M. le ministre de la marine, qui a bien voulu donner son assentiment à tous les changements proposés par nous, à l'exception d'un seul. Ainsi que nous l'avons déjà constaté, le ministre a cru devoir persister dans la proposition d'autoriser le prêt sur récoltes pendantes.

La loi sur les banques coloniales est attendue aux colonies

avec une juste impatience, comme une mesure à la fois réparatrice des malheurs passés et pleine d'avenir. En préparant la constitution de ces intéressants établissements, votre Commission s'est efforcée, avant tout, de leur donner une base aussi solide et aussi durable que les circonstances puissent le comporter. Elle s'est tenue en garde contre les efforts de certains intérêts privés, dont les uns voudraient restreindre le capital des banques pour accroître la portion disponible de l'indemnité, dont les autres, moins avouables, iraient jusqu'à s'opposer à la création de ces établissements, dans la vue de maintenir l'organisation actuelle du crédit aux colonies, malgré ce qu'elle présente d'incomplet et de vicieux. La Commission s'est efforcée, d'un autre côté, de se préserver autant que possible de l'entraînement de certaines opinions aventureuses, qui ne craignent pas de pousser à l'extrême la facilité et même l'exagération du crédit, sans songer que cette facilité excessive serait un germe de mort certaine et prochaine pour les établissements qui n'en seraient pas préservés par les lois de leur institution même et par la sagesse d'une administration ferme et prudente. Nous serions heureux, Messieurs, qu'il vous parût que nous nous sommes tenus dans une juste mesure, à distance des deux écueils que nous venons de signaler,

RAPPORT SUPPLÉMENTAIRE

DE M. CHEGARAY

AU NOM DE LA COMMISSION PARLEMENTAIRE

CHARGÉE DE L'EXAMEN DU PROJET

ET

AMENDEMENTS PROPOSÉS PAR LA COMMISSION.

(Séance du 2 juin 1851.)

MESSIEURS,

Le projet de loi organique des banques coloniales, présenté le 22 novembre dernier par M. l'amiral Romain Desfossés, alors ministre de la marine, et le projet de statuts annexé à ce projet, entre autres facultés demandées pour les banques, proposaient d'autoriser ces établissements à faire des prêts sur récoltes pendantes.

Votre Commission, dans le rapport qu'elle a eu l'honneur de vous présenter le 5 avril dernier, a cru devoir refuser son assentiment à cette partie du projet du Gouvernement. Ses motifs, développés pages 27 à 38 du rapport, étaient en substance : 1° que le prêt sur récoltes, dans les conditions que le Gouvernement proposait d'autoriser, n'offrait pas aux banques le gage réel et matériel qu'il convient de leur assurer alors qu'elles prêtent sur une seule signature; 2° que le projet de loi ne prenait aucune précaution pour concilier, en cas de prêt sur récoltes, les droits de la banque avec les justes droits des autres créanciers, et particulièrement ceux des créanciers ayant hypothèque sur l'immeuble et ceux des créanciers privilégiés sur la récolte elle-même, comme les ouvriers dont les travaux l'ont produite ou conservée.

M. de Chasseloup-Laubat, nouveau ministre de la marine, a prié la Commission d'examiner de nouveau cette partie de ses conclusions. Le ministre a insisté sur l'importance extrême que les colonies attachent à l'autorisation du prêt sur récoltes. Il a reconnu la gravité des objections de fait et de droit soulevées par votre Commission; mais il a pensé qu'il serait possible de leur donner satisfaction en autorisant le genre de prêt dont s'agit, à la condition de réserves et de garanties propres à donner satisfaction aux intérêts divers engagés dans la question. Il lui a paru que ce but serait atteint si le prêt était permis seulement pendant les quatre mois qui précèdent la récolte, c'est-à-dire à une époque où son degré d'avancement permet de la considérer comme un gage positif et réel; si, de plus, le prêt ne pouvait porter que sur le tiers de sa valeur estimative, de manière à laisser un gage toujours libre aux créanciers hypothécaires ou privilégiés, et si enfin un bon système de publicité donnait à tous les créanciers légitimes les moyens de se faire connaître et même de s'opposer au prêt qui ne pourrait s'effectuer qu'en cas de silence de leur part, après mise en demeure, ou même, dans certaines hypothèses, qu'avec le consentement des créanciers inscrits.

Votre Commission, Messieurs, suivant le désir de l'honorable ministre de la marine, a soumis sa nouvelle proposition à un sérieux examen. Animée du sincère désir de donner aux banques coloniales toutes les attributions, et au crédit privé dans les colonies toutes les facilités compatibles avec la prudence, elle a cherché le moyen de donner satisfaction aux vœux pressants dont M. le ministre de la marine s'est rendu l'organe, sans s'écarter néanmoins des règles de circonspection qu'il est de son devoir de maintenir intactes dans l'intérêt supérieur de l'existence et de la durée des établissements qu'elle travaille à fonder.

Les modifications à introduire, en conséquence de ce qui précède, dans le projet qui vous est soumis, devraient porter :

1° Sur la section des statuts relative aux opérations de la banque (titre I, section 3) ;

2° Sur divers articles du projet de loi où se trouvent les sanctions législatives indispensables pour le fonctionnement des opérations autorisées par les statuts.

Nous nous occupons d'abord des modifications proposées aux statuts.

Article 12. — Nous proposons de modifier le § 2 de cet article de manière à le rédiger comme il suit :

« Les opérations de la banque consistent : 1°. . . . .

« 2°. . . A escompter des obligations négociables ou non négociables, garanties, soit par des récépissés de marchandises déposées dans des magasins publics, ***soit par des cessions de récoltes pendantes,*** soit par des transferts de rentes ou des dépôts de lingots, etc. »

Ainsi se trouve posé le principe du prêt sur récoltes ; nous avons pensé, d'accord avec le ministre, que la récolte restant nécessairement entre les mains de l'emprunteur, le prêt serait mieux garanti par une cession qui rend la banque propriétaire, que par un nantissement, puisque ici la réalisation du nantissement est rendue impossible par la nature même des choses.

Les modifications de rédaction introduites dans les articles 14 et 16 ne sont que la conséquence du principe posé dans l'article 12, tel que nous venons de le formuler.

L'article 17 limite au maximum de cent vingt jours, ou quatre mois, la durée du prêt sur cession de récoltes ; il dispose que ce prêt ne pourra avoir lieu que lorsque la récolte pendante sera parvenue à un degré d'avancement suffisant pour que sa réalisation puisse coïncider avec l'échéance du prêt. Il faudra donc que, pour être l'objet de cette opération, les cannes à sucre aient déjà un an ou à peu près. Elles constituent dès lors, non plus la simple espérance ou la simple éventualité d'une valeur, mais une valeur certaine, susceptible d'une évaluation positive, et désormais exposée à peu de chances de destruction. Le prêt fait sur cette garantie, et pour quatre mois au plus, ne saurait être considéré comme une opération aventureuse, grâce surtout aux autres précautions dont nous avons encore à vous entretenir.

L'article 21 dispose que le prêt sur cession d'une récolte ne pourra dépasser le tiers de sa valeur estimative ; il donne à la banque la faculté de stipuler que les denrées en provenant seront, au fur et à mesure de sa réalisation, versées dans les magasins de dépôt désignés à cet effet, conformément à l'article 4 de la loi, et ce, de manière à convertir le prêt avec cession en prêt sur nantissement.

Ces modifications aux statuts nous ont paru suffire pour

y poser le principe du prêt sur cession de récoltes considéré comme l'une des opérations de la banque, et pour limiter en même temps cette faculté, de manière à ne la rendre aucunement dangereuse pour ces établissements.

Mais, comme nous l'avons dit, pour compléter l'ensemble des dispositions nécessitées par cette innovation, quelques modifications au projet de loi proprement dit nous ont paru indispensables. Elles ont pour objet : 1° de sauvegarder les droits des tiers ; 2° de donner, dans l'intérêt de la banque, de sérieuses sanctions législatives à ce genre tout particulier d'opérations. Un article additionnel, qui prendrait le n° 8, et remplacerait l'ancien article 3 du Gouvernement, prescrit la tenue, par chaque receveur d'enregistrement, de registres destinés à recevoir la transcription des actes de prêt sur cessions de récoltes et des déclarations ou oppositions auxquelles ces actes peuvent donner lieu. Le même article astreint le propriétaire qui voudra emprunter sur cession de sa récolte à consigner cette déclaration, un mois à l'avance, sur les registres dont il vient d'être parlé.

Il ouvre ensuite à certaines classes de créanciers un droit d'opposition au prêt, à charge par eux de faire mentionner leur opposition en marge de la déclaration dont il vient d'être parlé. Ce droit d'opposition serait ouvert : 1° aux créanciers ayant hypothèque ou privilége sur l'immeuble ; 2° aux créanciers privilégiés sur la récolte ; 3° aux créanciers porteurs d'un titre exécutoire, c'est-à-dire à tous ceux qui peuvent être considérés, à titres divers, comme ayant un droit acquis ou un droit immédiat d'exécution sur la récolte qu'il s'agit d'affecter par privilége à la créance de la banque sur l'immeuble productif de cette récolte. Mais le projet de loi décide qu'à défaut, par ces diverses catégories de créanciers, de manifester leur opposition, la banque, après avoir dûment fait transcrire son contrat, exercera ses droits et actions sur les récoltes ou les valeurs en provenant, nonobstant les droits de tous créanciers antérieurs.

Quant aux ouvriers qui, par un travail postérieur, auraient acquis privilége sur la récolte, leurs droits auront pour garantie les deux derniers tiers de cette récolte excédant la fraction engagée à la banque.

Une seule exception est apportée à cette règle, pour le cas où, antérieurement au prêt, un créancier saisissant aurait fait transcrire une saisie immobilière dirigée contre l'immeuble. Dans ce cas, en effet, et par le seul fait de la transcription, les tiers sont prévenus qu'aux termes de l'article 682 du Code de procédure civile, les fruits ou le prix en provenant sont immobilisés de plein droit pour être distribués avec le prix de l'immeuble par rang d'hypothèque.

Afin de compléter le système des garanties nécessaires à la banque, en cas de prêt sur cession de récoltes, il a paru convenable : 1° d'autoriser l'établissement à effectuer par lui-même et à ses frais avancés, la récolte, en cas d'abandon ou de négligence du propriétaire : un article additionnel, portant le n° 9, prévoit ce cas et détermine la procédure sommaire à laquelle sa réalisation peut donner lieu ; 2° de prononcer une pénalité pour le cas où le propriétaire aurait détourné ou dissipé, au préjudice de l'établissement prêteur, tout ou partie des valeurs affectées à la sûreté du prêt. Un troisième article additionnel, qui serait le dernier du projet, porte que les dispositions de l'article 408 du Code pénal devraient être appliquées à ce délit spécial.

Il semble que, grâce à cet ensemble de dispositions, les banques coloniales seraient, autant que possible, préservées de toute perte, les droits de tous ménagés et sauvegardés autant que possible, sans, néanmoins, que l'agriculture coloniale fût privée d'une faculté à laquelle ses représentants et ses organes spéciaux attachent le plus grand prix. La rédaction de votre Commission a obtenu le complet assentiment de M. le ministre actuel de la marine.

Le ministre a, en outre, prié votre Commission d'introduire dans la loi, comme paragraphe additionnel à l'article 2 du projet, une disposition portant que les arrérages afférents aux inscriptions de rentes affectées aux banques coloniales et courus depuis le 22 mars 1849 seront versés dans les caisses des banques, et pourront être employés notamment aux frais de leur premier établissement. Votre Commission a accueilli, à l'unanimité, cette juste demande.

En conséquence de ce qui précède, elle a l'honneur de vous proposer d'amender comme il suit le projet de loi et le projet de statuts.

AMENDEMENTS AU PROJET DE LOI.

Paragraphe additionnel à l'article 2.

Les arrérages produits par chacune des inscriptions de rentes affectées aux banques coloniales, depuis le 22 mars 1849 jusqu'au jour de la remise des inscriptions, seront versés par le ministre des finances entre les mains des administrations de ces banques. Le produit desdits arrérages sera porté à l'actif du compte de profits et pertes, et pourra être employé aux frais de premier établissement.

Article additionnel qui prendrait le n° 8.

(Ancien article 5 du Gouvernement.)

Les receveurs de l'enregistrement tiendront registre, 1° de la transcription des actes de prêt sur cession de récoltes pendantes, dans la circonscription de leurs bureaux respectifs; 2° des déclarations et oppositions auxquelles ces actes pourront donner lieu.

Tout propriétaire qui voudra emprunter de la banque, sur cession de sa récolte pendante, fera connaître cette intention par une déclaration inscrite, un mois à l'avance, sur un registre spécialement tenu à cet effet par le receveur de l'enregistrement.

Tout créancier ayant hypothèque sur l'immeuble, ou privilége sur la récolte, ou porteur d'un titre exécutoire, pourra s'opposer au prêt. Son opposition sera reçue par le receveur de l'enregistrement, qui la mentionnera en marge de la déclaration prescrite par le paragraphe précédent.

A l'expiration du mois, le prêt pourra être fait, et la banque, pour les actes de cession à elle consentis et qu'elle aura fait transcrire, sera considérée comme saisie de la récolte.

Elle exercera ses droits et actions sur les valeurs en provenant, nonobstant les droits de tous créanciers qui n'auraient pas manifesté leur opposition suivant la forme prescrite en l'article précédent.

Néanmoins, s'il existait une saisie immobilière transcrite antérieurement au prêt, cette saisie devrait avoir son effet sur la récolte, conformément au droit commun.

Le receveur de l'enregistrement sera tenu de délivrer à tous ceux qui le requerront un extrait des actes transcrits aux registres dont la tenue est prescrite par le présent article.

Article additionnel qui prendrait le n° 9.

Si le propriétaire débiteur néglige de faire, en temps utile, sa récolte ou l'une des opérations qui la constituent, la banque pourra, après une mise en demeure et sur simple ordonnance du juge de paix de la situation, être autorisée à effectuer ladite récolte aux lieu et place du propriétaire négligent. Elle avancera les frais nécessaires, lesquels lui seront remboursés en addition au principal de sa créance et par privilége sur la récolte ou son produit.

Article additionnel qui serait le dernier de la loi.

L'article 408 du Code pénal sera applicable à tout propriétaire, usufruitier, gérant, administrateur ou autre représentant du propriétaire qui aura détourné ou dissipé, en tout ou en partie, au préjudice de la banque, la récolte pendante cédée à cet établissement.

AMENDEMENTS AU PROJET DE STATUTS.

ART. 12.

Les opérations de la banque consistent :

1° Comme au projet ;

2° A escompter des obligations négociables ou non négociables, garanties, soit par des récépissés de marchandises déposées dans les magasins publics, soit *par des cessions de récoltes pendantes*, soit par des transferts de rentes ou des dépôts de lingots, de monnaies ou de matières d'or et d'argent ;

3° Comme au projet ;

4° Comme au projet ;

5° Comme au projet.

ART. 14.

Après les mots : *soit d'un récépissé de marchandises déposées dans un magasin public*, ajouter ceux-ci : *soit par la cession d'une récolte pendante, aux conditions qui seront ci-après déterminées.*

ART. 16.

Après ces mots : *par la remise d'un récépissé de marchandises*, ajouter ceux-ci : *ou par la cession d'une récolte pendante.*

La banque peut escompter les billets ou obligations de tout propriétaire qui, par acte de cession spéciale, affecte à la garantie de sa dette une récolte pendante sur sa propriété.

Ces opérations ne pourront avoir lieu que pour une durée de cent vingt jours au plus, et seulement lorsque la récolte pendante sera parvenue à un degré d'avancement suffisant pour que sa réalisation puisse coïncider avec l'échéance du prêt. L'opération sera constatée par un acte d'engagement spécial enregistré et transcrit sur le registre tenu à cet effet par le receveur de l'enregistrement, le tout ainsi qu'il est exprimé en l'article 8 de la loi organique.

ART. 18.

(Article 18 du Gouvernement, ancien article 17 de la commission.)

Les effets ou obligations garantis, soit par remise de récépissés, *soit par suite de cessions de récoltes*, peuvent ne pas être faits à ordre, et, dans ce cas, le débiteur aura le droit d'anticiper sa libération, et il sera fait remise des intérêts à raison du temps restant à courir jusqu'à l'échéance.

ART. 21.

(Article 21 du Gouvernement, ancien article 20 de la commission.)

Le rapport de la valeur des objets fournis comme garantie additionnelle, avec le montant des billets ou engagements qui peuvent être escomptés dans les cas prévus par l'article 12, sera déterminé par les règlements intérieurs de la banque.

Cette proportion ne pourra excéder, quant aux nantissements en matières d'or et d'argent, les quatre cinquièmes de leur valeur au poids, et, quant aux nantissements sur dépôts de marchandises, les deux tiers de la valeur.

Le prêt sur cession de récoltes ne pourra dépasser le tiers de la valeur de ladite récolte.

La banque pourra stipuler que les denrées provenant de la récolte seront, au fur et à mesure de sa réalisation, versées dans les magasins de dépôt désignés à cet effet, conformément à l'article 4 de la loi organique, et ce, de manière à convertir le prêt avec cession en prêt sur nantissement.

ANNEXE.

DÉCRET

QUI ORDONNE LA DISTRIBUTION AUX AYANTS DROIT DU RÉSIDU DU PRÉLÈVEMENT DES BANQUES.

(28 mars 1852.)

LOUIS-NAPOLÉON, PRÉSIDENT DE LA RÉPUBLIQUE FRANÇAISE,

Sur le rapport des ministres de la marine et des colonies et des finances,

Vu la loi du 30 avril 1849 relative à l'indemnité accordée aux colons par suite de l'affranchissement des esclaves;

Vu le décret du 24 novembre de la même année sur le mode de liquidation de cette indemnité;

Vu la loi du 11 juillet 1851 sur l'organisation des banques coloniales;

Vu le décret du 22 décembre de la même année rendu pour l'exécution de ladite loi;

Considérant qu'une des conséquences de la loi du 11 juillet 1851, qui a modifié celle du 30 avril 1849, a été de rendre indispensable une liquidation spéciale du prélèvement du huitième de l'indemnité affecté à la formation du capital des banques coloniales; que cette liquidation, dont la forme a été tracée par le titre II du décret du 22 décembre 1851, devrait avoir pour résultat la création de nouveaux titres dont le grand nombre et la faible valeur donneraient à leur mise en circulation de notables inconvénients;

Considérant que le prélèvement effectué sur l'indemnité coloniale pour servir à la formation du capital des banques fait partie intégrante de cette indemnité et que toute portion de ce prélèvement qui n'est point appliquée à l'emploi auquel il avait été primitivement destiné doit faire de droit retour aux indemnitaires;

Mais considérant qu'on ne saurait, sans de nombreuses complications, procéder à la distribution de ce *restant disponible* par l'émission de certificats conversibles en inscriptions de rente comme ceux de l'indemnité proprement dite :

Décrète :

ARTICLE PREMIER.

La portion disponible ou résidu, prévue par l'article 4 de la loi du 11 juillet 1851, et l'article 6, § 5, du décret du 22 décembre de la même année, fait retour aux porteurs des titres de prélèvement mentionnés à l'article 51 du décret du 24 novembre 1849.

ART. 2.

Le ministre de la marine et des colonies, sur le vu de la liquidation spéciale prévue par le titre II du décret du 22 décembre 1851 que lui transmettront les administrations coloniales, adressera au ministre des finances la demande d'inscriptions collectives de rente représentant le capital auquel sera ressorti dans cette liquidation le résidu de chacune des colonies intéressées.

Ces inscriptions immatriculées au nom des diverses colonies qui y auront droit seront vendues aux époques et pour les sommes déterminées de concert par le ministre de la marine et des colonies et le ministre des finances, pour le montant en être déposé à la caisse centrale du Trésor public au compte de ces colonies.

ART. 3.

Il sera procédé par les administrations locales sur les bases de la liquidation par elles précédemment établies, à la répartition en numéraire entre les ayants droit du capital réalisé.

ART. 4.

A l'expiration des six mois qui suivront le commencement de cette répartition, toute somme qui n'aura pas été retirée par l'intéressé demeurera acquise à la caisse coloniale.

ART. 5.

Le second *coupon de division*, prévu par le 2e § de l'article 9 du décret du 22 décembre, ne sera délivré aux ayants droit qu'autant qu'ils le réclameront en vue de mutations à effectuer.

ART. 6.

Les coupons de division émis devront être présentés à la direction de l'intérieur avec les pièces à l'appui, s'il y a lieu, avant l'expiration du délai fixé par l'article 4 qui précède.

Il sera sursis, jusqu'à cette présentation, à toute attribution de part dans la répartition à l'égard des intéressés qui auront retiré leurs coupons de division.

ART. 7.

Le ministre de la marine et des colonies et le ministre des finances sont chargés, chacun en ce qui le concerne, de l'exécution du présent décret, qui sera inséré au *Bulletin des lois*.

Fait au palais des Tuileries, le 28 mars 1852.

Signé LOUIS-NAPOLÉON.

Par le Président :

Le Ministre de la marine et des colonies,

Signé THÉODORE DUCOS.

FIN.

Paris. Imprimerie de Paul Dupont, rue de Grenelle-Saint-Honoré, 45.

www.ingramcontent.com/pod-product-compliance
Ingram Content Group UK Ltd.
Pitfield, Milton Keynes, MK11 3LW, UK
UKHW020125200726
13856UKWH00002B/747